U0453891

民族教育信息化教育部重点实验室（云南师范大学）开放基金项目

民族教育信息化教育部重点实验室联合研究基地
（云南师范大学 曲靖师范学院）建设成果

王飞　李保玉　张桂明　张丽◎编著

开放社会中的
民族信息交互教育

知识产权出版社
全国百佳图书出版单位

图书在版编目（CIP）数据

开放社会中的民族信息交互教育/王飞等编著. —北京：知识产权出版社，2015.12

ISBN 978 – 7 – 5130 – 3857 – 7

Ⅰ.①开… Ⅱ.①王… Ⅲ.①少数民族教育—研究—中国 Ⅳ.①G759.2

中国版本图书馆 CIP 数据核字（2015）第 247180 号

内容提要

本书以解决多民族价值观的交互这一时代课题为逻辑起点，以培养各民族的价值观交互能力为重点，以帮助各民族自觉确立和融合社会主义核心价值体系为目标，以实现多民族自由而全面的发展为最终目的，提出了开放（信息化）社会中民族信息交互教育的基本理念。本书围绕在开放（信息化）社会中多民族价值观的交互融合展开，其内容涵盖多民族价值观交互融合的理论及具体方法，并遵循开放性—多样性—交互性这样一个逻辑结构体系而展开。与此同时，在综合比较和借鉴国内外关于交互融合、价值观教育等相关文献和著作后，站在"交互"这一范畴基础之上，从多民族价值观的确立与交互这个角度出发，而形成一整套教育理论，在目前的教育信息化与民族教育发展理论研究领域中对这一空间做出初步的探索。

责任编辑：冯 彤   **责任校对：**孙婷婷

                        责任出版：刘译文

开放社会中的民族信息交互教育

王 飞 等 编著

出版发行：	知识产权出版社有限责任公司	网　　址：	http：//www.ipph.cn
社　　址：	北京市海淀区马甸南村1号	天猫旗舰店：	http://zscqcbs.tmall.com
责编电话：	010 – 82000860 转 8386	责 编 邮 箱：	fengtong@cnipr.com
发行电话：	010 – 82000860 转 8101/8102	发 行 传 真：	010 – 82000893/82005070/82000270
印　　刷：	北京中献拓方科技发展有限公司	经　　销：	各大网上书店、新华书店及相关专业书店
开　　本：	787mm×1092mm　1/16	印　　张：	11.75
版　　次：	2015 年 12 月第 1 版	印　　次：	2015 年 12 月第 1 次印刷
字　　数：	181 千字	定　　价：	36.00 元

ISBN 978-7-5130-3857-7

出版权专有　侵权必究

如有印装质量问题，本社负责调换。

前　言

2014 年 9 月 28～29 日，中央民族工作会议在北京举行，会议指出："要正确认识我国民族关系的主流，多看民族团结的光明面；善于团结群众、争取人心，全社会一起做交流、培养、融洽感情的工作；加强各民族交往交流交融，尊重差异、包容多样，让各民族在中华民族大家庭中手足相亲、守望相助；创新载体和方式，引导各族群众牢固树立正确的祖国观、历史观、民族观。"❶ 党的十八届三中全会指出，深化教育领域综合改革，全面贯彻党的教育方针，坚持立德树人，加强社会主义核心价值体系教育。为深入学习贯彻中央民族工作会议和党的十八大、十八届三中全会精神，加强各民族交往交流交融，落实立德树人根本任务，进一步引导各族群众牢固树立正确的祖国观、历史观、民族观，民族教育信息化教育重点实验室围绕民族信息交互教育问题进行系统深入研究，旨在鼓励和引导广大民族教育理论研究和实际工作者聚焦民族信息交互教育理论和实践领域的规律性、前沿性问题，把经验提升为理论，增强民族教育工作与研究的科学化水平，切实提升民族教育工作质量。

把握民族教育的时代特征。新中国成立 66 年来，党的民族理论和方针政策是正确的，中国特色解决民族问题的道路是正确的，我国民族关系总

---

❶　宋熙冬. 中央民族工作会议暨国务院第六次全国民族团结进步表彰大会在北京举行［N］. 人民日报，2014 - 09 - 30.

体是和谐的，我国民族工作做的是成功的。同时，我们的民族工作也面临一些新的阶段性特征。做好民族工作要坚定不移走中国特色解决民族问题的正确道路，开拓创新，从实际出发，顶层设计要缜密、政策统筹要到位、工作部署要稳妥，让各族人民增强对伟大祖国的认同、对中华民族的认同、对中华文化的认同、对中国特色社会主义道路的认同。在肯定成绩的同时，我们也要清醒地看到，民族信息交互作为各种思想文化交流、交锋的前沿阵地的主要组成部分，所面临的形势仍然十分复杂和严峻。从国际看，西方敌对势力仍在通过各种途径对我国某些民族进行意识形态渗透，且形式更加隐秘，手段更加多样。从国内看，民族信息交互教育的对象、环境、方式、内容都在发生深刻的变化。同时，新媒体技术对民族教育产生的影响越来越深远，社会新变革对民族教育理论创新的需要越来越迫切，全国各民族青少年的思想特点和成长规律对提升民族信息交互教育针对性、实效性的诉求越来越强烈。这些都是在开放化与信息化环境下民族教育研究者需要研究的新问题，需要应对的新挑战。广大民族教育研究者需要准确把握当前的这些时代特征，梳理总结新中国成立以来尤其是改革开放以来民族信息教育取得的可喜成绩和宝贵经验，关注时代发展的特点和党的战略部署，积极探索和构建具有中国特色的民族教育的工作体系和理论体系。

聚焦民族教育的前沿问题。民族教育的前沿问题是指在理论研究和实际工作中遇到的热点、难点和规律性问题，这些问题对各族人民发展以及民族信息交互教育创新发展产生重要影响，具有普遍性、集中性和迫切性等特点，需要进行创造性的研究和破解。一是要树立问题意识。从理论研究角度说，没有问题意识就没有理论聚焦，没有理论聚焦就不能形成对问题的关注，民族教育理论和实践的创新发展过程，就是一个不断地提出问题、回应问题、解决问题的过程。从实际工作层面看，问题意识来自现实民族生活的呼唤。现实民族生活中矛盾、问题的集中爆发，必然引起人们的普遍关注，成为当下迫切需要解决的社会热点和难点问题。解决好民族问题，物质方面的问题要解决好，精神方面的问题也要解决好。要旗帜鲜明地反对各种错误思想观念，增强各族干部群众识别大是大非、抵御国内外敌对势力思想渗透的能力。加强中华民族大团结，长远和根本的工作是增强文化认同，建设各民族共有精神家园，积极培养中华民族共同体意识。一是要把建设各民族共有精神家园作为战略任务来抓，抓好爱国主义教育这一课，把爱我中华的种子埋在每个孩子的心灵深处，让社会主义核心价值观在祖国下一代的心田生根发芽。弘扬和保护各民族传统文化，要去粗取精、推陈出新，努力实现创造性转化和创新性发展。二是要掌握正确的方式方法。民族信息交互教育规律所揭示的是民族教育发展过程中的内在本质联系。从受教育者的角度看，有效的民族信息交互教育必须遵循受教育者身心发展的一般规律，这就要求民族教育工作者必须正确掌握和运用科学的方式方法，既要正确处理统一要求与因材施教的关系，也要根据受教育者身心发展规律，坚持和掌握反复教育与强化教育的原则和方法。反复和强化不是简单地重复某一原理或结论，而是从各个层面阐述基本原理，从而使受教育者在感受生动性、鲜明性、独特性、新颖性中理解基本原理。三是要有跨学科的视野。在民族教育的发展中，人才培养、队伍建设、科学研究的基础还相对薄弱。因此，民族信息交互教育的创新发展要深入，走内涵式发展道路，其理论研究和实践探索就需要具备跨学科视野，在坚持独立性，遵循理论研究规律、民族教育规律、人才培养规律、课程设置规律和创新发展规律的基础上，借鉴其他学科的优秀理论成果和研究方法，丰富自身建设内容，建构自身发展体系，进而深化研究，推进实践。民族教育研究的跨学科实践，关键在于把握跨"度"，与其他学科之间形成适度张力，形成符合实践需要的中国特色的民族教育内容、方法和理论体系。

推动理论与实践的相互促进。习近平总书记指出，"不论是新问题还是老问题，不论是长期存在的老问题还是改变了表现形式的老问题，要认识好、解决好，唯一的途径就是增强我们自己的本领。增强本领就要加强学习，既把学到的知识运用于实践，又在实践中增长解决问题的新本领。"正是因为抓住了"实践"这条生命线，民族教育理论研究才逐步从经验走向科学，形成具有自身特色的研究领域、研究范式、研究方法和研究体系。实践是民族教育研究的源泉和动力，民族教育研究是其实践的指导和依据，二者相互作用、互为依存。要实现民族信息研究与实践的相互促进，就要根植于中国特色社会主义民族教育的伟大实践，开展对实践中新问题、新情况的导向性研究，并通过实践不断丰富学科内涵，提高研究的质量。要坚持民族教育研究的现实取向，也就是要理论联系实际，坚持在实践中形成理论、发展理论、运用理论，把实际工作作为研究的"试验场"，促进研究的发展、实务工作的推进和研究者的成长。要探索研究成果的转化应用和实践检验模式，扎实推动研究成果在民族信息交互教育实践中的推广应用，形成有效的理论成果转化体系，用实践来检验成果的可用不可用、管用不管用。

希望在民族信息交互教育研究的引领和示范下，广大民族教育研究者和工作者坚持理论联系实际，以高度负责的态度、科学严谨的精神来做研究，既推出成果，又锻炼队伍，加强各民族交往交流交融，落实立德树人根本任务，进一步引导各族群众牢固树立正确的祖国观、历史观、民族观，提高民族教育工作科学化水平，为推动民族教育事业科学发展做出新的更大贡献。

编　者

2015 年 6 月

目　录

为什么要提出民族信息交互教育?

关于"民族"的概念,马克思主义经典作家指出,"民族是人们在历史上形成的有共同语言、共同地域、共同经济生活以及表现于共同文化特点上的共同心理素质的稳定的共同体。"❶ 2005 年中央民族工作会议进一步指出:"民族是在一定的历史发展阶段形成的稳定的人民共同体。一般来说,民族在历史渊源、生产方式、语言、文化、风俗习惯以及心理认同等方面具有共同的特征。"❷ 本研究所指的"民族"不是狭义上的某一种类的族别,而是广义上的整个人类社会中的种族。"民族"的广义概念决定了"民族教育"的广义性。

"交互"作为一个具体的行为,是伴随人的意识的产生而产生的,它是人类认识和改造客观世界包括人本身的过程中的必然环节,同时,它也将伴随人类生存、发展的整个过程。

交互的基本解释有:①交替,更替。《京氏易传·震》:"震分阴阳,交互用事。"《后汉书·左雄传》:"自是选代交互,令长月易,迎新送旧,劳扰无已。"唐朝刘知几《史通·断限》:"因有沿革,遂相交互,事势当

❶ 王希恩. 马克思、恩格斯、列宁、斯大林论民族 [M]. 北京:中国社会科学出版社,2013:16.

❷ 肖照青. 正确认识和把握民族交融问题 [J]. 民族,2014 (8):34.

然，非为滥轶也。"茅盾《三人行·四》："他的梦，他的将来，像虱子似的交互地咬他的心。"②交叉错综。南朝梁沈约《宿东园》诗："野径既盘纡，荒阡亦交互。"冰心《庄鸿的姊姊》："四壁的梅花瘦影，交互横斜。炉火熊熊，灯光灿然。"③互相。鲁迅的《坟·我们现在怎样做父亲》："人类总有些为他人牺牲自己的精神，而况生物自发生以来，交互关联，一人的血统，大抵总与他人有多少关系，不会完全灭绝。"

在古希腊和我国古代哲学中，交互作为人们的一种行为，有着深刻的内涵，它的侧重点是维护一种秩序，而这种创建一种理想秩序的境况，则是"智者"和"仁者"的交互，不是所有人的交互，一般人的交互是哲学王和圣人规定好了的。柏拉图试图用自己的"理想国"对各类人按天性进行严格的分工，使其各司其职，用"分工有效"论来保证社会秩序，解决社会无序问题，实际上是希望构建一种"正义"的"理想国"来取代多元价值的交互。在孔子看来，"礼"就是"理"，也就是"序"，人们应依"礼"行事，而不能有过多的自由交互，这样才能保持社会的秩序。

现代意义上的"交互"一词源于 1884 年新黑格尔主义者海丹尔《生命和机制》，他认为环境与机体之间是交互作用，相互反应的，这二者之间是交互关系。❶

"信息交互"作为一个具体行为，是伴随着人的意识的产生而产生的，它是人类认识与改造客观世界包括人本身的过程中的必然环节，同时，它还将伴随各民族生存、发展的整个过程。开放社会❷的民族信息交互教育，是时代赋予民族教育的重要使命，是新时期民族教育信息化工作的重要任务之一，是个人成长与发展的内在必然要求。"信息交互是指发出和接收信息的过程。信息交流过程通常由 6 个部分组成：①信息源；②信息；③信息传递的通道或网络；④接收者；⑤反馈；⑥噪声。反馈是检验信息

---

❶ 袁玲. 基于计划行为理论的知识交互行为研究［D］. 南京航空航天大学硕士学位论文，2007：11.

❷ 开放社会（Open Society），是由美国哲学家亨利·博格森提出来的。是指在一个开放社会中，政府容许并授受民间的自由交往，并接受民间的批评；政府行为透明；不是集权社会，个人自由与人权开放是开放社会的基石（［美］乔治·索罗斯. 开放社会［M］. 北京：商务印书馆，2011）.

交流质量的手段。"❶ 简言之，"信息交互"是彼此的信息互相交替融合在一起。

提出"民族信息交互教育"这个概念，严格来讲不是本研究的原创性概念，有其特定的概念依据，"民族信息交互教育"与"交互文化教育"的概念有相通的地方。"交互文化教育"收录在顾明远先生主编的《教育大辞典》中，其定义为"在多种文化并存的环境中同时进行多种文化的教育，或以一种文化为主，兼顾其他文化的教育。在某个文化环境中成长的学生，到另一个语言、风俗、习惯、价值观和信仰都不相同的文化环境中去接受教育。专门设置跨文化的环境，让学生接受非本民族语言、风俗、习惯和价值观的教育"。❷ 据此，可以如是理解民族信息交互教育的概念：指在当前经济全球化、信息化的开放社会中，整个人类社会的存在方式发生变化，同时也在改变每个人的存在方式。无论是集体还是个人，无论是整个人类社会还是一个国家，面对这样一个复杂多样、瞬息万变的世界，都必须在更广阔的阈限中进行信息交互。简言之，民族信息交互教育是指在促进两种或两种以上民族群体的受教育者或民众，在相互尊重和理解的基础上，进行积极的交互与互动，建构更具包容性的新教育与新理念的过程。

马克思主义的认识论是能动的革命的反映论，根据这一理论，人的认识过程就是人的主观世界对客观世界能动的反映过程，在这一过程中，交互这一具体行为也随着客观世界的变化发生着巨大的变化。交互是人类特有的生存方式，随着人类社会的发展而不断发展；在人类社会发展的不同时期，人类交互的对象、交互的途径是不尽相同的，这是由客观环境和人们认识和改造世界的能力水平所共同决定的。

开放社会中的民族信息交互教育，是时代赋予民族教育工作者的重要使命，是新时期民族教育工作的重要任务之一，是个人成长和发展的内在

---

❶ 百度百科词条. 信息交互 [EB/OL]. 百度网站.

❷ 顾明远. 教育大辞典 [M]. 上海：上海教育出版社，1999：916. 虽然这里要定义的是民族信息交互教育，但本研究认为，"交互文化教育"所指代的概念在很大程度上可以作为民族信息交互教育的内涵。

必然要求。

随着我国社会的深刻变革，在发展社会主义市场经济和对外开放的条件下，在各种思想文化相互激荡的环境中，人们思想的独立性、交互性、多变性和差异性进一步增强。目前国际文化呈现交流、交融、交锋的新特点，社会信息化，尤其是互联网的发展为不同的信息交流提供了平台。在这样一个开放的社会中，不仅信息量增多，而且各种观念层出不穷，人们在面对多种信息和观念时必须进行交互也能够进行交互；如果不做出正确的交互，则会被信息的海洋误导甚至淹没。

在众多的交互中，价值观的交互起决定性的作用，价值观交互的正确与否直接决定其他一系列的交互。学会交互是个人独立性、自主性的一种表现，是自我教育、自主发展、自由成长的一个过程，不会交互就无法生存、无法成才、无法发展、无法成功。价值观的交互是把握正确人生方向的需要，是个人成长的需要，是人全面发展的需要。社会的发展、人生的发展、思想的发展、教育的发展都需要交互，这诸多交互都是以价值观的交互为前提和指导的，以价值观的交互和确立为核心的开放社会中的民族信息交互教育正是为了解决现实中各族人民价值观领域的多元化和人们对价值观的交互的一元化的客观矛盾。在信息复杂多样、快速多变并相互冲突的开放社会中，探索如何培养各族人民的交互能力，如何帮助各族人民确立正确的价值观，无论在理论上还是在实践上都有重大意义。

开放社会中民族信息交互教育的价值与定位

价值，就是需求的满足。当然，这种满足并不都是一样的，由于其满足程度不同，价值的高低也不同。开放社会中的民族信息交互教育，以价值观的交互确立为中心，以培养并提高人的交互能力为根本任务，以实现人的自由交互与人的全面发展为最终目的。在开放社会中，分析和阐述民族信息交互教育的价值与定位，可以帮助我们进一步明确民族信息交互教育对于时代发展以及社会发展的重要价值，可以帮助我们认清当前我国教育发展所面临的新问题、新挑战、新机遇，从而明晰我国民族教育的发展趋势和当前的主要任务；可以帮助我们在个人的成长与发展道路上树立正确的价值观、人生观，为我们走向成功指明方向、提供保障。

第一节　民族信息交互教育是时代发展的突出课题

开放的社会离不开民族信息交互教育，开放社会中的民族信息交互教育是时代的产物，时代需要民族信息交互教育，民族信息交互教育是时代发展的突出课题。

一、时代发展建构了民族信息交互教育的环境

（一）时代呼唤民族信息交互教育

许多人有这样的疑问，难道之前人们不需要交互、不需要民族信息交互教育？为什么在现今的开放社会中才提倡民族信息交互教育？事实上，"人无时无刻地生活在各种空间环境中，人创造了环境，环境影响了人，在创造与影响的相互作用的过程中，环境与人之间形成了各种微妙的关系，这种关系就是人与空间环境的交互关系。"❶ 交互是伴随着人类的产生而产生的，但是交互在过去并没有引起人们的广泛关注，这并不是因为我们忽视了它的存在，而是因为客观环境和它本身的发展还不足以引起人们的关注。

交互是作为一种行为而存在的，它是一种认识过程，也是一种实践过程，它以交互主体——人的自我意识的存在为前提，在交互中体现了主体的主观能动性，但又受到客观物质世界的制约。历史唯物主义认为社会存在决定社会意识。在人类社会诞生之初，由于人们认识世界和改造世界的能力有限，人们在面对强大的自然界时，其交互更多的是单向性的。随着生产力的发展，人们逐渐深入地认识和改造客观物质世界，客观物质世界也给人们提供了交互的条件，同时人们对自己的主观世界也进行着认识和了解，人们从单向交互的状态进入交互时期。但是，此时世界上各个国家和地区处于相对封闭的状态，加之统治阶级对人们思想的禁锢，人们交互的空间是很有限的，因此当时的交互并不是真正意义上的自我交互。随着第三次科技革命的到来，人类进入以全球化为重要特征的信息时代。在这个时代中，人类社会生活的地域范围越来越广泛，尤其是经济全球化促进了全世界不同国家、不同民族之间全方位的相互沟通、相互影响、相互联系和相互作用，并导致各种文化之间的交流、交锋、交融，形成文化的多元性。放眼全球，经济全球化、文化多样化、价值取向多元化，人们处在开放的社会中，时代发展给人们的交互提供了广阔的空间。与此同时，科学技术的迅猛发展，以互联网为代表的信息交互平台，使人们可以更快、

---

❶ 刘芝兰. 人与空间环境的交互性关系 [J]. 艺术科技，2012 (3)：108.

更便捷、更多地获取各种各样的信息。当然，随着客观环境的变化，人的主观世界也发生着巨大的改变，人们自觉意识的提高和交互意识的增强，使得人们的自主交互成为可能，使得自我交互成为现实。面对这样一个开放的生存环境，各族人民在生活中无时无刻不面临这样或那样的交互，不去交互就无法生活，不会交互就无法生存、无法成长、无法发展。在这样的时代条件下，各族人民能够交互、需要交互同时也必须交互，学会交互成为各族人民成长发展的内在需求和客观要求，民族信息交互教育也就应运而生。可见，时代的发展为民族信息交互教育的产生提供了主客观条件，形成民族信息交互教育的大环境。

（二）社会需要民族信息交互教育

人作为单个个体，其存在形式离不开整个人类集体或人类社会，与集体或社会不发生互动的个体在本质上并不是真正意义的人，这是由人的社会性这一本质属性决定的。一个人在其生存状态中之所以经常面临各种各样的交互，是因为整个人类社会在发展过程中需要各种各样的交互，并且它也提供了各种交互的机会，社会越发展，其交互也越多，交互的对象也越多，交互的内容也越丰富。

在人类社会发展过程中，推动其发展的重大技术革命有三次，第一次科技革命开始于18世纪六七十年代，以牛顿建立的经典力学体系为背景，以纺织机械的革新为起点，以蒸汽机的发明和广泛运用为标志，其作用在于实现了工业生产从手工工具到机械化的转变，使机械大工业代替了工场手工业，把社会物质生产力推进到了机器时代。第二次科技革命开始于19世纪70年代以后，以电力的广泛应用，内燃机和汽车、飞机等新交通工具的创制，石油化工工业的诞生以及电报、电话等电讯业的发展为核心技术内容，以电的应用为主要特征。第三次科技革命一般认为开始于20世纪四五十年代，以原子能、空间技术和电子计算机的广泛应用为标志，如今正方兴未艾，尤其是以信息技术为核心的新技术的发展正在深刻地改变着世界的面貌。● 第

● 科技革命对人类社会产生了哪些主要影响？［BE/OL］. http://wenwen. sogou. com/z/q176790947. htm.

三次科技革命影响是深远的，在其影响下，"信息化"已经成为当今时代的主要特征。当今世界正处在全球化、多样化、信息化的开放环境当中，整个世界无时无刻不在进行着各种信息的交流、交融、交锋，尤其是正在全球展开的信息和信息技术革命，这一革命将催生出一个新的时代、新的社会。随着我国改革开放的进一步深入，我国社会也必然处在一个开放的环境当中。在开放的社会中，随着社会主义市场经济体制的逐步完善，我国的经济结构已经发生变化，整个社会的意识形态领域也呈现出多样化的特征。与此同时，各族人民的生活方式与思维方式随之发生很大的变化，人们的主体意识明显增强，自主交互的欲求也非常强烈。当今社会给人们提供的生存环境是一个开放的环境，在这种开放社会中，各种信息相互交汇、相互碰撞，呈现在人们以及人类社会面前的是一个浩瀚的信息海洋，大到全世界，小到一个国家与一个组织，就是一个"信息场"。❶ 个人要生存发展、社会要进步，必然要在这个信息场中进行各种各样的信息交互。这个信息场中的信息五花八门、琳琅满目，各种事物表现出形式多样的现象，如何索取自己需要的信息，如何赋予他人想要的信息就成为核心与关键。要解决这一核心问题，必须学会信息交互，必须进行信息交互。进行信息交互不但对个体的发展极其重要，而且对参与民族、人类社会的发展和进步具有非常重要的作用。

二、时代发展彰显了民族信息交互教育的必要性

（一）多民族教育价值观的和谐并存需要民族信息交互教育

任何一个民族，要在开放化与信息化时代生存得好，发展得好，就必须在整个社会发展中进行自主交互。但是，各族人民怎样在浩瀚的信息场域中进行正确的交互、能否通过交互获得自己真正需要的信息？尤其是在经济全球化、社会市场化、政治多极化、文化多样化、价值多元化的环境中，这种信息交互已经不是一般意义上的简单交互，而归根结底需要进行价值观的交互。要交互什么样的价值观？要如何进行价值观交互？这在当

---

❶ 王佳. 信息场的开拓：未来后信息社会交互设计［M］. 北京：清华大学出版社，2011.

今世界与当今中国，在民族矛盾和民族问题持续存在并考验各国政府智慧的时代，已经成为一个社会问题，也成为一个时代课题。民族问题的解决，离不开信息交互教育。唯有通过信息交互教育才能寻求理解与尊重民族差异，民族信息交互教育是真正走向民族互尊共存与民族和谐融合的有效途径。据此，我们必须提倡民族信息交互教育，这里所提倡的民族信息交互教育，其目标是基于真正的信息社会的需求而设定的。作为信息社会所需要的民族信息交互教育的理论和方法，它的存在是以它所处的社会、文化，当然还有科技发展为时代背景的。作为由若干民族种类镶嵌而成的整个人类社会，在这个时代我们的主要任务是信息知识的创造，收集并传播，而不再仅仅是简单的物质创造，这意味着任何一个民族种类中任何一个个体每天的活动、生活方式以及与其他人交互的方式都会改变。

就中国当今的时代发展而言，进行改革开放，其目标是建立完善的市场经济体系与市场经济体制。从金融体制改革、投资体制改革、财税体制改革、外贸体制改革、国有企业改革到教育体制、住房体制、医疗卫生体制、社会保障体制的建立完善和改革，使我国的社会经济生活发生了深刻变化，各族人民的生活态度、生活方式也在随之发生深刻变化。各族人民的自主性得到加强，自由度得到扩大，特别是自身利益得到空前重视，全国各族人民的主体地位得到加强。市场经济对传统"义利观"的冲击是空前的，全国各族人民认识到义与利并不是绝对对立的，君子既言义也讲利，从而不再避讳谈论正常的物质享受。但是不能否认，价值取向的多元化冲击着各族人民传统的价值观念，全国各族人民若继续完全按照传统价值观的指引开展自身狭小民族圈子里的生活实践，势必会导致社会适应乏力的尴尬局面，但如果全盘接受他人的价值观念则很可能发生方向性的错误。因此，科学地评价信息、正确地进行交互信息、有效地利用信息成为各族人民需要解决的难题。若这个问题解决不好，就会导致部分人陷于两难境地：一方面是相应的交互标准和评价体系的缺失；另一方面是因主体意识觉醒人们需要自主交互和个性的张扬。当个人的交互与社会的规范出现矛盾与冲突时，他们就会怀疑自己，怀疑社会，感到迷茫，甚至否定以往所认同的正确的价值取向。以价值观的交互和确立为核心的开放社会中的民族信息交互教育，其目的正是帮助各族人民解开疑惑，以很好地理解这个问题，做出正确的交互。

（二）多民族教育的科学发展需要民族信息交互教育

作为培养人的活动，教育是根据一定社会的现实和未来的需要，遵循年轻一代身心发展的规律，有目的、有计划、有组织地引导受教育者获得知识技能，陶冶思想品德、发展智力和体力的一种活动，以便把受教育者培养成为适应一定社会（或一定阶级）的需要和促进社会发展的人。教育实施的过程涉及教育者、受教育者和教育实施的手段三个要素，同时，作为动态的教育实施过程，又包括教育者"教"的过程和受教育者"学"的过程。开放社会中民族信息交互教育研究对教育实施的重要意义主要体现在这三个要素和两个过程中。改革开放至今，中国各族人民在中国共产党的领导下努力奋斗，开创了社会主义现代化建设的新局面。我们在为改革开放带给我们丰富的物质文明和精神文明欢欣鼓舞的同时，也发现价值层面的多元化和多样化常常让人们陷入交互的困惑和迷茫。这首先为我们教育的"权威机构"——学校和"社会代言人"——教师提出了崭新的课题。对于教育者来说，必须认识到，在开放的环境中，培养人的信息交互能力已经提上议事日程。尤其是在多民族杂居的我国诸多区域，开放社会中的民族信息交互教育研究，根据客观环境的剖析、教育使命的明晰、受教育者在新时期思想发展的新变化的分析，使教育者深刻认识到民族信息交互教育的重要性，使其能够积极主动地从客观环境和受教育者出发，努力探索培养受教育者信息交互能力的有效途径，运用高效科学的教育手段和方式帮助受教育者从主观上认识到确立正确价值观和提高运用正确价值观进行交互的能力的重要意义，从而无论从理论上还是从实践层面上都能为民族信息交互教育的实施做好充分准备。这样才能使"人在社会互动中，能援引启发式原则（judgmental heuristics）和有限理性的判断，对其自身和他人的社会位置和社会阶层的所属，进行有效的识别。换言之，人在社会互动中能有效地识别自身和他人的群体所属，并能犀利而灵便地觉察到我属群体与他群体之间有形和无形的差异或边界"。❶ 从各族人民中的受教育者方面来看，客观环境的变化为受教育者提供了更加广阔的信息交互空间，在社会主义市场经济条件下就意味着自我交互、自我负责和自我承担。同时，受教育者本身自主意识的觉醒、交互意识的增强都要求他们必须学会信息交互，他们自身有强烈的交互欲望，正确的交互标准和交互方法对他们来说犹如雪中送炭。开放社会中的民族信息交互教育研究系统地从交互意识的启迪、交互重点的凸显、交互标准的确立、交互能力的培养、交互方法的引导五个层面进行详细的研究，可以帮助受教育者解决价值交互过程中的疑惑，使受教育者认识到接受民族信息交互教育对其自身发展的重要性，使他们能够自觉地交互和确立正确的价值观，并运用正确的价值标准作为其具体交互的依据，最为重要的是，可以帮助各族人民逐渐树立一种吻合国家民族发展的民族生存与发展的交互主体性基础。"民族主体性是群体主体性中的一个重要类型，与群体主体相类似。每个不同的民族团体都有自己的目标、价值追求和核心价值，在主体与客体关系模式的影响下，一些民族团体在处理与其他民族以及社会之间的相互关系时，将其作为工具和对象，而只把自己作为主体对待，这就极易引起各民族内部单个主体之间的矛盾、各个不同民族之间的矛盾以及民族与社会之间的矛盾，进而影响到整个多民族国家和社会的和谐发展。"❷ 因此，开放社会中的民族信息交互教育成为各族人民受教育者在价值交互过程中拨开迷雾、解开疑惑的金钥匙。显然，对开放社会中的民族信息交互教育进行研究，是时代发展的必然要求，时代发展使得民族信息交互教育成为当前民族教育信息化研究的新课题。

三、时代发展催生了民族信息交互教育的条件

（一）物质层面的发展为民族信息交互教育提供了条件

根据唯物主义原理，经济基础决定上层建筑，物质资料的生产是人类

❶ 方文. 群体符号边界如何形成？——以北京基督新教群体为例 [J]. 社会学研究，2005（1）：26.

❷ 黄荟，梁桂娥. 构建和谐社会的民族交互主体性基础 [J]. 广西社会科学，2009（12）：11.

社会存在与发展的基础。在物质资料的生产中,生产力是最活跃、最革命的因素。生产力的发展必然会引起生产关系的变化和一切社会关系的变化,从而推动或制约着整个社会的发展,因而也推动或制约着教育的发展。开放社会中的民族信息交互教育之所以能纳入民族教育信息化研究的日程,之所以具有十分重要的理论和现实意义都源于其能够存在,有其存在的基础,这个基础正是时代发展所创造的。●

众所周知,中国从改革开放以来的发展,物质发展的速度是世界第一,"2014 年 GDP 达到 63.6 万亿元,超过 60 万亿元,经济增长势头一年增加一个瑞士的节奏"。❷ 物质文明的发展速度很惊人,精神文明的发展离不开物质基础的发展,随着物质文明的发展,精神文明也在逐渐跟进,而且越来越体现出对精神文明发展的重视,当物质文明发展到一定程度时,精神文明的发展必须跟进,这是一个国家与一个民族得以真正发展并强大的必须。当前中国正朝向这一方面前进。在这个前进过程中,各族人民的价值趋向、思想观念意识的发展越来越鲜明,价值文化观念的变化越来越鲜明。目前,国际文化呈现出交流、交融、交锋的新特点,"信息化"成为时代的新特点之一,也是新时代的重要标志之一。

随着我国改革开放的进一步深化,各种思想观念和文化冲击着各族人民的思想意识领域,人们的思想呈现出四个新特点:第一,多变性。多变性说明人们能够通过多种渠道获得多种信息,尤其是互联网的快速发展,为人们获取信息搭建了便捷的平台,同时,人们对于信息的理解和分析也在发生变化,在这种多变性中最终需要有统一性,只有实现了统一,信息交互才能实施。第二,独立性。随着人们自觉意识的觉醒,自主意识凸显,人们越来越重视和强调自我意愿的表达与个性的展现,这也是人们进行信息交互的主观需求。第三,交互性。客观物质世界的多样,直接决定了人们思想意识形态的多样,因此,人们的思想活动就表现出交互性这一新特点,这也是人们进行交互的条件之一。第四,差异性。文化的多源与

---

❶ 王晓菲. 开放环境下的选择教育 [M]. 北京:人民出版社,2014:8.
❷ 金仲兵. 中国经济到底行不行?[EB/OL]. http://bbs.tiexue.net/post_ 8671885_ 1. html.

现代教育研究丛书 XDJYYJCS

多元，表现在人们思想活动中就体现为人们思想的差异性，差异性的存在就为人们的信息交互提供了前提。客观环境的变化和人们思想活动的新特点，使人们受到各种思想文化的影响明显增多，面对影响和冲击，我们何去何从，这就需要各族人民作出正确的信息交互，那么，作为民族教育信息化的工作者与研究者，帮助各族人民理解信息交互就成为时代与历史赋予的重任。从主、客观两个维度出发，可以判断，以价值观的交互和确立为核心的开放环境下的民族信息交互教育产生的条件已经具备。❶

（二）精神层面的发展为民族信息交互教育提供了条件

从前述已经得知，学会交互对于开放社会中的各族人民的个体与整个民族社会来讲具有十分重要的意义，那么，如何学会交互？要满足学会交互这一要求，就必须教会人们进行交互，使人们掌握培养和提高交互能力的方法，因此，要增强交互能力就必须加强民族信息交互教育，这是民族教育信息化面对新情况的新课题。教育是一种社会现象，它产生于社会生活的需要，而归根结底产生于生产劳动，它是人类社会所特有的一种现象。整个社会的政治、经济、文化等所构成的客观背景和条件，为教育的存在和发展提供了一个不以人的意志为转移的客观环境，无疑也对教育的存在和发展起着制约性作用。就教育和人的需要的关系而言，教育直接源于人的需要，而人的需要也会随着整个社会的变化而变化，因此，教育就会以人的"需要—满足—新需要—新满足"的螺旋上升模式而持续发展。同理，民族教育信息化作为一种特殊的社会历史活动，总是在一定的社会历史条件下开展。随着信息化进程的加速，各种信息相互交融、相互碰撞，使得各种价值观念及文化意识形态相互碰撞、排斥和融合，这些冲突和碰撞使得民族教育信息化受到前所未有的挑战。民族教育所面临的国际国内环境已发生了深刻的改变，大量的信息充斥着人们的思想意识领域，也冲击着人们的价值理性。❷ 与此同时，人们的主体意识觉醒，交互意识明显增强。交互的主客观条件已经具备，各族人民可以交互，也必须交

---

❶　王晓菲. 开放环境下的选择教育［M］. 北京：人民出版社，2014：9.
❷　同上。

互。但是我们深知，"在经济全球化和社会信息化条件下的今天，民族主体性问题呈现出非常复杂的发展趋势。在我国，各个民族面临着现代性价值观对本民族文化和价值的冲击，如何在加入全国现代化进程的同时保留自己的民族文化和价值是民族主体性思想的核心之一。"❶ 在民族教育信息化过程中，既要坚持信息交互，又要保留自己的民族文化和价值，这两方面要并行不悖，两手抓、两手都要硬，但我们不能否认，部分社会成员的理想信念有不同程度的动摇，价值取向多元化甚至无法进行交互，人们常常陷入面临交互无所适从的困惑中。民族教育信息化的客观环境的变化，迫使民族教育要以一种新的理念面对多元价值观冲击带来的挑战，教会各族人民交互便成为民族教育信息化面对新时期所要解决的新课题。开放环境下的民族信息交互教育以价值观的交互与确立为核心，通过教育帮助各族人民通过价值判断、价值交互、价值构建等环节确立正确的价值观念，并自觉运用正确的价值观指导自身具体的交互活动，保证各族人民交互的正确性与科学性，开放环境下的民族信息交互教育就自然而然地成为解决民族教育中信息交互教育这一新课题的钥匙。

第二节 民族信息交互教育是人才成长的内在需要

一、民族信息交互教育是一项重大教育课题

信息交互，是一个重大的人生课题。因为人要在交互与交往中生存，通过交互搭建一种属于自身的社会关系，换言之，人要在这份社会关系中生存。"人的存在从本质上看是一种交互主体性关系的存在。"❷ 据此，这种交互自然是一种积极交互、主动交互、自由交互（这种自由并不是绝对的，而是在一定阈限之中的）、创造性交互和价值交互。因此，真正意义上的交互只存在于人类社会、存在于每个人的一生当中。人的一生中要经

---

❶ 黄荟，梁桂娥. 构建和谐社会的民族交互主体性基础［J］. 广西社会科学，2009（12）：12.

❷ 吕鸣章. 论人的交互主体性［D］. 山西大学硕士学位论文，2006：摘要.

历不同的发展阶段，在不同的发展阶段有不同的矛盾需要面对和解决，面临矛盾也就面临交互，不同的交互直接导致不同的结果，在人生的各个转折点交互尤为重要，交互的不同甚至决定人生的成败。

在人际关系的原则中，交互原则是首要原则。阿伦森（E. Aronson）等通过大量的研究发现，人际关系的基础是人与人之间的相互重视、相互支持。社会心理学家强调，我们在人际交往，人际关系的建立与维持当中，必须遵循交互原则。我们应首先接纳、肯定、喜爱他们，保持在人际关系中的主动地位。否则，我们的人际关系会困难重重。在这个意义上说："爱人者，人恒爱之；敬人者，人恒敬之""己所不欲，勿施于人"是有依据的。这些都很好地说明交互性原则的重要性。❶ 因此，在自己的人生旅程中，在各个场合与时段能否做出正确的交互会在很大程度上决定人生的成败。当然，能够在人生的关键时刻做出正确的交互，并不是偶然的，这需要对当时的客观情况做出正确的客观的分析、甄别、比较、判断，最终才能形成正确的交互，这个过程是需要长期的学习和不断地经验总结的，面对纷繁复杂的交互对象，进行正确的交互需要有正确的价值观作指导，这亦是长期学习积累的结果。因此，学会交互至关重要，尤其是在今天这样一个开放社会中，世界多样化和人的思维能力不断提高、价值体系多元化和人的自觉程度不断提高，这都使学会交互的意义更为重大。人生就是在不断的交互中完成的，可见交互在人生中的重要性。交互对于人生如此重要，只有学会交互才能成功，交互也就成为一个重大的人生课题。随着我国改革开放的进一步深入，社会主义市场经济体制的确立以及民主政治建设的进一步推进，各族人民的物质生活发生了翻天覆地的改变，同时，其思想观念也发生了许多积极的变化：首先，市场经济本身的自主性、平等性以及自觉自治的原则，各族人民在逐渐改变传统的依附观念和依赖心理，其自主意识和主体意识已经开始觉醒，他们自主、自立的要求愈加强烈；其次，市场经济承认正当的个人利益是合法的，它以追求

❶ 人与人之间——论社会心理学的人际关系 [EB/OL]. http://blog. sina. com. cn/s/blog_ 5600c4ab01000agk. html.

正当利益为激励机制，支持人们通过合理渠道获得正当的物质利益，解决了之前对功利价值的错误认识，也使各族人民的自主、自觉的价值交互成为可能和现实；最后，市场经济要求合理的竞争，注重效率、效益，使竞争、民主、平等等观念深入人心，从而使各族人民自我交互的能力也随之增强，并且成为适应社会生活所必须具备的能力。与此同时，我们应当客观地认识到，改革开放带给我们的不仅仅是社会经济生活领域的改变，还包括由经济生活的改变引起的整个社会结构的改变。在社会转型过程中，多种经济成分并存，必然使社会价值领域呈现多元化，这也就使得人们的价值观念的交互成为必然。同时，这也成为必须，如果不具备交互能力，面对信息如此丰富的客观环境，人们将无法生存，发展更无从谈起。因此，具备交互能力已成为开放环境下个人成人、成才、成功、实现自我价值所必备的能力和内在需要。❶

二、民族信息交互教育是人才成长的重要前提

《网络、群体与市场：揭示高度互联世界的行为原理与效应机制》一书揭示出："过去十年来，现代社会中复杂的连通性向公众展现出与日俱增的魅力。这种连通性在许多方面都有体现并发挥着强大的作用，包括互联网的快速成长、全球通信的便捷，新闻与信息（以及传染病与金融危机）以惊人的速度与强度传播的能力。这些现象涉及网络、动机和人们的聚合行为。网络将人们的行为联系起来，使得每个人的决定可能对他人产生微妙的后果。"❷ 为何网络会使得每个人的决定可能对他人会产生微妙的后果？这就是人与人之间的交互在起作用。人类进入信息化社会，最明显的标志之一就是互联网的发展，目前互联网正以惊人的速度迅猛发展，同时，智能通信工具的研发和投入使用使人们随时随地都可以进行信息的交流与获取。这一切正改变着各族人民的正常生活和人际交往。各种信息的

---

❶ 王晓菲. 开放环境下的选择教育 [M]. 北京：人民出版社，2014：11 - 12.
❷ [美] 大卫·伊斯利（David Esley），乔恩·克莱因伯格（Jon Kleinberg）. 网络、群体与市场：揭示高度互联世界的行为原理与效应机制 [M]. 李晓明，王卫红，杨韫利译. 北京：清华大学出版社，2011.

传播所用的时间越来越短，人们获取各种信息的途径也越来越多，在这种客观条件下，人们信息交互的空间就越来越大，当然，对信息交互的自主性也越来越强。可以说，人们对信息的获取已变得非常方便，但是如何交互和利用这些信息就成为一个现实问题。在人才的成长过程中，掌握信息已经不是问题，问题的关键是如何对大量的信息进行分类、比较、分析、判断，如何从诸多的信息交互中区分自己需要的、科学的信息，如何判断哪些信息对自己的成长和发展能够起到推动作用、能够帮助自己在成长的道路上更好地发展。

在这样的网络时代，个人的成长发展需要经历三个阶段：成人、成才、成功。在信息爆炸的开放环境下，各族人民时刻需要学会做人、学会认知、学会做事、学会共同生活、学会生存。一个人的能力和价值是要在社会实践中得到展示和认可，否则我们便无从判定一个人的人生价值和社会价值，这就需要个人在不断学习、不断发展的过程中逐渐达到社会发展对人才的要求。这个过程中有一个重要的前提，即进行交互。只有进行交互，才能学会做人、学会认知、学会做事、学会共同生活、学会生存。因为无论是在哪个阶段还是在任何的学习过程中，人们都面临交互，如交互认知什么、交互怎么做事、交互用什么方式共同生活、交互什么样的生存方式，而这一切都以交互和确立什么样的价值观为前提条件。因此，进行交互是个人在开放环境下成长所必需的因素，也是人才成长的重要前提，缺之不可。

三、民族信息交互教育是创新人才的内在要素

信息交互时代，世界各国之间综合国力竞争的焦点是人才，尤其是对创新人才的占有，当然，从另一个侧面我们也可以看到，创新人才对未来世界发展的重要作用。创新人才，简言之，就是指在本领域中具有创新能力的人才。在开放社会中，创新不是闭门造车，创新人才不能在孤独寂寞的环境中产生，创新人才必须在一个人际关系的网络支撑中，在各种信息的支持下才能产生，信息交互能力是人实现自由全面发展的前提和内在要求。

《大连接：社会网络是如何形成的以及对人类现实行为的影响》一书给我们最佳的揭示是："每一个快乐的朋友，让你也快乐的概率大约增加9%。每一个不快乐的朋友，让你也快乐的概率减少7%。不仅仅是朋友，甚至朋友的朋友的朋友也会对你的快乐产生影响力。我们所做或所说的任何事情，都会在社会网络上泛起涟漪。"❶ 根据这个通俗化的语言的描述，我们可以说，每一个拥有信息的朋友，让你也获得信息的概率大约增加9%。每一个没有信息的朋友，让你也不能拥有信息的概率减少7%。不仅仅是朋友，甚至朋友的朋友的朋友也会对你的快乐产生影响力。可见，我们镶嵌在巨大的社会网络上，人类连接在一个巨大的社会网络上，我们的相互连接关系不仅仅是我们生命中与生俱来的、必不可少的一个组成部分，更是一种永恒的力量。正像大脑能够做单个神经元所不能做的事情一样，社会网络能够做的事情，仅靠一个人是无法胜任的。同时仅靠一般的人才也是无法胜任的，必须靠在社会网络这个肥沃的土壤里成长起来的创新型交互人才才能胜任。

交互是创新性人才特有的生存方式。人是有思想、有意识的特殊的客观存在物，只有人才能够通过社会实践活动实现对客观世界包括人自身的认识与改造，也只有社会实践活动当中的人，才能够根据自己的意志进行自主地信息交互。动物界的交互不能称为真正意义上的交互，那只是一种对客观环境的适应，是"被交互"。因此，交互与自由二者是同一个问题的两个方面，交互能体现主体的自由，主体的自由交互则表明这种交互是真正意义上的交互，交互是人类区别于动物的显著标志，是人类理性的技巧。当然，我们应当看到，在任何一种交互中，交互的自由都不是绝对的，交互的自由总会受到客观规律的制约。在人生众多的交互中，价值观的交互是人生交互中最重要的部分，是人类主观能动性最集中的表现之一，也是人类交互活动的本质体现。实际上，人们彼此相互影响这一事实并没有令我们感到丝毫意外。但是，这类影响的巨大以及它在社会网络上

❶ ［美］尼古拉斯·克里斯塔基斯（Nicholas A. Christakis），詹姆斯·富勒（James H. Fowler）. 大连接：社会网络是如何形成的以及对人类现实行为的影响［M］. 简学译. 北京：中国人民大学出版社，2013.

交互波及之远，确实出乎我们的意料。例如，我们的朋友对我们的影响，已经触及了很多非常私人或个人的领域，包括我们的身材、我们的情绪、对伴侣的选择，甚至是我们在选举中的投票行为。这些影响能在社会关系链上跳跃也令我们感到十分惊奇：这意味着，你朋友的朋友的行为会影响到你。最后，我们发现了三度影响力的惊人一致性。通过一次又一次的研究，我们发现我们所做的很多（但并不是全部！）。

这些都是人所特有的，可见，人能够把自己作为自己认识和改造世界的对象之一，也就表明人能够区分自我和人本身的生命活动，形成"自我意识"。同时，人也能够将自己的意识活动作为自己认识和改造世界的内容。这些交互的特定属性，将人的生命活动与动物分别开来，使人的生命活动成为一种自觉的活动。因此，人的生命活动本身就具有按照自己的意愿、目的、需求进行交互的内在要求，同时，这也是人的生命活动的特点之一。社会是由单个人构成的，人生是在不断的交互中展开的，同样，各个民族的发展也是通过人的自觉交互过程实现的。并且在这种交互中获得创新意识与创新能力，创新人才所应具备的基本素质就是创新意识，当然，创新意识的启发需要各方面的信息和素材。创新能力需要在实践当中得到锻炼和提高。开放环境为此提供了非常有利的条件，在开放环境下，科学技术的发展日新月异，信息的传播和交流在互联网这个社会网络中实现了前所未有的快速和便捷。但是我们同样要重视另一个问题：如何对大量的信息进行比较、判断，最终通过交互获得我们所需要的信息。这就要求创新人才不仅能够以最快的速度获取最新、最多的信息量，还要求他们能够以科学正确的评价体系对信息进行比较、鉴别，从而从浩瀚的信息海洋中获取自己真正需要的信息。人的交互活动是人的主观能动性的体现，各种族在认识和改造世界的活动当中，无时无刻不在进行着有意识、有目的的交互。客观物质世界是不会自然地满足人的各种需求的，各种族正是通过交互实现对自己需求的满足，可见，各种族的交互活动本身就具有创造性。正因为这样，各种族才能在不断的认识和改造世界的实践活动中获得创造性，从而推动人类社会的发展。但我们也知道，真理是在不断的认识和实践中被发现的，这个过程充满了迷茫、彷徨和失败，因此，各种族本身有不断追求真理的需要，在真理的不断追求中进行不断的信息交互。可见，人的创新能力和人的交互能力是不可分割、相辅相成、互相促进的，尤其是在开放社会中，人的交互能力是培养创新能力的关键，因此可说，民族信息交互是创新人才所必备的内在要素。

四、民族信息交互教育是人自由全面发展的重要条件

社会是人与人交互作用的产物，人是社会的主体和根本，人离不开社会，社会也离不开人。正是从这个最根本的角度讲，促进人的发展和促进社会的发展是有机统一的，人只有在社会之中才能发展，社会也只有通过人才能发展。从根本上讲，从人的自由的角度来促进人和社会的发展，是一个最为重要的视角。正确理解促进人的自由的重要性，采取有效措施增进最广大各族人民的自由，是促进人和社会的发展的内在要求。坚持以增进自由作为促进人和社会发展的基本路径，实际上就是要自觉地同各种"以物为本"的视角和路径进行决裂，自觉把发展归结于"以人为本"的本来面貌和本质特征上。在今天，人们越能自觉地认识到这一路径，就越能自觉地遵循特定的交互规律去进行信息交互教育，开放的环境需要具备信息交互能力的创新人才，因此，交互是社会发展对人的自由全面发展所提的要求，要实现人的自由全面的发展必须进行信息交互。人的本身的自我成长的需要、欲望、愿望的内在需求才是进行交互的内在原因，在开放社会中人们需求的广泛性成为现实，这种需求的广泛性也决定了人们在发展的过程中的交互及交互的多样性。由于各种族下的个人所处的条件的不同，其内在就出现了各种各样不同的需要、欲望和愿望，而各种各样的需要、欲望和愿望的满足和实现又面临其各自的交互，交互的多样性成为现实。各种族要实现自由全面的发展就必然要学会交互、要具备交互能力、要有自己进行交互所必需的科学的正确的评价体系。教育在这个时候的重要使命便是，帮助各族人民进行交互，提高各族人民的交互能力，帮助各族人民交互并确立正确的价值观，指导各族人民面临的各种各样的交互。因此，民族信息交互是实现人自由全面发展的重要条件。

第三节　民族信息交互教育是教育发展的重要趋势

一、民族信息交互教育是教育发展的重要方向之一

人类步入信息化社会后，世界发生了翻天覆地的变化。从全球范围看，首先，生产力的发展已经引起社会经济结构的调整和革命。其次，由经济基础决定的上层建筑也在发生相应的改革。民族国家的地位和形式已经开始受到新概念的挑战，多目标社会效益和民主参与正在成为企业和政府的重要价值观念。最后，人们的文化价值观念正在转向更强调社会资源、知识资源、政治资源和人力资源。从整体上来看，人们的生活环境正在迅速地发生改变：国际性产业结构呈现全球性趋势，并对社会的产业结构、生产方式、全球经济格局等产生了深刻而久远的历史性影响，促进了新经济秩序的出现和世界经济发展中心的转移。当然，在一个历史时期内，世界经济依然以相互依赖、分工合作、协同发展为主要发展方式。与此同时，社会的经济、政治、文化等各方面的全球化已经成为不可回避的现实和趋势。这就决定了对民族信息交互教育的发展需要。对此，可以对民族信息交互教育的发展方向与发展目标进行如下理解与阐释。

第一，民族信息交互教育的一项重要目标是培养各族学生的信息交互能力，帮助各族学生学会从其他族际的角度来观察自己民族的信息与文化，并获得最大限度的自我理解。随着世界的"变小"，调和价值观与文化冲突，增进各种信息文化之间的相互理解就至关重要。民族信息交互教育的这一方向试图使每一个民族都能了解到其他民族独特的信息文化，从其他民族的角度来增强对自己民族信息文化的理解。同时，它还要求各民族学生要正确地理解其他民族的信息文化，以促进不同民族间的相互了解与尊重。种族和信息文化的多样性是社会的积极因素，它丰富了国家的文化，为公民提供了多种解决个人和公众问题的方式，多民族信息文化可以为个体提供了解其他文化的机会，使人类生活变得更加丰富和充实。反之，如果个体仅仅从自己单一的文化和种族的观点了解、参与和观察世

界，就等于拒绝了人类经验的重要部分，在文化和民族问题上变得无知。

第二，民族信息交互教育给学生提供信息文化选择的权利和机会，使他们获得适应本民族信息文化、主流信息文化以及全球社会所必需的知识、技能和态度。各民族学生不仅提高了适应主流信息文化社会的能力，求得个人最大限度的发展，而且更好地传承了本民族优秀传统信息文化。

第三，民族信息交互教育消除对亚文化和少数民族的歧视，以及由此而产生的心理上的痛苦。这一目标基于减轻对性别、与自己不同的民族文化的否定态度或行为。强调破除与性别、不同民族、民族群体相关的迷信和偏见，强调人类的基本相近性。此外，许多民族由于在人种、生理特征和文化特征上不同于主体民族，所以他们在学校和社会上经常受到歧视，这种歧视常常迫使他们拒绝认同本民族文化。民族的文化特征在其成员社会化过程中扮演一个不可争辩的重要角色，民族的特征是个体认同的基础，否认自己的民族信息文化便是否认自己。个体不论什么理由拒绝和抛弃自己民族的传统文化都不可成为一个充满活力的自我实现的人，他们比其他人更容易体验到社会遗弃感，所承受的心理压力也是巨大的。

第四，民族信息交互教育力图改变整个学校或其他教育环境，以达到使来自不同人种、民族、社会集团的学生都能享有教育平等的目的，提高所有学生的学习成绩。学校应该反映出不同民族集团的文化，为了使学生成为一个多文化社会的有效的参与者与决策者，他们应该学习所有的文化。学校的课程应充分地尊重学生的种族特征，而且要以某种方式在课程中反映和利用这些文化特征，使所有学生都享有教育平等的权利，提高他们的教育素质。❶

据此，开放社会中信息化已经成为时代的重要特征之一，在人们充分享受信息时代所带来的物质和精神盛宴的同时，必然面临多种多样的交互，这是社会发展对民族信息交互教育的客观要求。那么作为培养人的教育活动，培养社会发展所需要的人是其根本目的和主要任务，因此，教育发展必须适应社会发展对人的要求，即教会人们进行信息交互就成为时代

---

❶ 王侠. 西方多元文化教育的理论阐释 ［D］. 中央民族大学硕士学位论文，2005：11.

发展为教育发展指出的方向。

人们的生活环境发生了深刻变化，人们的思想活动也呈现出新的特点，即多变性、独立性、交互性和差异性。人们要生存、要发展，就必然需要交互，需要学会交互，离开了交互人们将无法适应社会，无法在社会中生存和发展，这是人的全面发展的内在需求。而教育直接来源于人对教育的需要，人为了满足这种需要，就会自觉地去寻求这种教育。人们需要学会交互，提高自己的交互能力，适应纷繁复杂、瞬息万变的信息社会，人们也必须面对各种交互并做出正确的判断，保证自己在信息的海洋里自由地畅游。以价值观的交互和确立为核心的民族信息交互教育，正是满足人们的交互需求而产生的。民族信息交互教育是教育发展本身的需求，也是教育发展的重要趋势。

二、民族信息交互教育是当代教育发展的共同价值指向

教育发展到其最后形态应该是价值观教育，即所有的教育在其最终的本质上都要为了促进自我与他人心智成熟，不断拓展自我界限，不断进行自我完善。拓展自我与自我完善本身就是在获得一定的自我价值观念的支撑之下才能够得以进行的。如果一个人没有一定的自我价值观念，那就不能去拓展自我与自我完善。由此可以说，价值观的教育是教育的重要任务之一。当然，价值观总是与一定的经济基础相联系的，价值观在很大程度上是物质基础的表现，关键看社会的经济基础是哪一种经济成分占领导地位，在这个层面上讲，价值观的教育直接关系到统治阶级的统治，而且价值观的教育是渗透到各个教育领域和层面的。在21世纪的今天，教育发展的价值取向面临多方面的严峻挑战。第一，经济全球化、信息传播迅猛化使人们面临一个多元、复杂的世界的挑战；第二，来自意识形态和文化传统的差异、冲突和多元、多极化趋势的挑战；第三，来自经济、生态和社会的可持续发展的挑战；第四，来自新生一代的价值交互更加自主、价值观念更加多元化的挑战。如果无视这些挑战，我们将无法生存；如果消极适应，必然会丧失人的价值和教育的价值。

在开放社会中，价值观领域呈现了价值观的多元化和多样化，价值观

之间的相互融合、交流、交锋，不同的价值观相互之间的激烈碰撞，都在争夺更多的信仰者。此时，我们还应当注意到一个事实，这个事实极为寻常但又极易被人们忽视，即改变既定规则、建构新的世界本身就是人的一种天性。人们的自主意识和自我意识明显增强，并日趋认真地扮演起"交互者"的角色，人们渴望通过自己的努力来证明自我的价值，因此，他们比以往更渴望通过自我交互来实现自我价值，然而，这并不意味着每个人都能进行合理的交互。此时，人们交互什么样的价值观作为自己行为的指导原则，在很大程度上就成为一种自我交互，那么作为国家的统治阶级，如何通过教育帮助人们交互和确立自己所倡导的主流价值观，对于一个国家的政治安定来说具有非常重要的价值。任何国家的统治阶级都希望自己所倡导的价值体系能更多地被人们学习交互之后获得认可，这代表了其在当今世界的实力，因此，通过各种教育形式和教育渠道宣扬自己所倡导的价值体系成为其价值观教育的重要任务。因此，以价值观的交互和确立为核心的开放环境下的民族信息交互教育是当代教育发展的共同价值取向。❶

三、民族信息交互教育是当前我国民族教育的重要任务

我国是一个典型的统一的多民族国家，有56个民族，"据2010年第六次全国人口普查统计，大陆31个省、自治区、直辖市和现役军人的人口中，汉族人口为 1 225 932 641 人，占 91.51%；各少数民族人口为 113 792 211人，占8.49%。"❷ 少数民族有一亿多人口，分布在全国各地，民族自治地方占国土面积的64%，西部和边疆绝大部分地区都是少数民族聚居区。这一基本国情，决定了民族问题始终是我们建设中国特色社会主义必须处理好的一个重大问题，也决定了民族工作始终是关系党和人民事业发展全局的一项重大工作，这也就决定了民族教育问题是我们国家教育问题中的一个重要问题。我们必须从全局和战略高度，充分认识民族地区发展的重要性。在我国，没有民族地区的发展就没有全国的发展，没有民

---

❶ 王晓菲. 开放环境下的选择教育［M］. 北京：人民出版社，2013：18.

❷ 中国少数民族总共多少人口？［EB/OL］. http：//wenda. haosou. com/q/13782 40293065973.

族地区的小康就没有全国的小康，没有民族地区的现代化就不能说全国实现了现代化，没有民族的共同振兴就谈不上中华民族的伟大复兴。现阶段我国民族工作的主要任务，是坚持以邓小平理论和"三个代表"重要思想以及科学发展观为指导，以科学发展观统领经济社会发展全局，围绕全面建设小康社会的宏伟目标，牢牢把握各民族共同团结奋斗、共同繁荣发展的主题，全面贯彻执行党和国家的民族政策和民族法律法规，坚持和完善民族区域自治制度，大力培养少数民族干部和各类人才，加快少数民族和民族地区经济社会发展，为我国社会主义物质文明、政治文明、精神文明与和谐社会建设全面发展作出贡献。

教育作为培养人的社会活动，我国社会主义教育事业必须解决好两个根本问题，即培养什么人、如何培养人。对于这个根本问题的正确认识和解决，直接关系到国家的长治久安和中华民族的前途与命运。目前，我们正在进行建设中国特色社会主义的伟大事业，需要千百万社会主义事业的建设者和接班人，培养和造就中国特色社会主义事业的建设者和接班人就成为目前我国教育的重要战略任务。大学生是社会发展的生力军和接班人，他们的整体素质对于我们伟大事业的建设极为重要，民族教育的发展也关乎社会主义建设事业的发展大局。我们知道，"民族教育是民族文化的产物，也是民族文化发展的动因。民族文化的发展是在民族文化的传递（时间）和传播（空间）中实现的，在这个过程中，民族教育作为文化传递和传播的一个重要机制，具有文化的选择、整理、加工、保存、传递、传播、交流、吸收、排斥、融合、更新、创造等功能。"❶ 民族教育的诸多功能，其实都可以用"交互"来进行概括，选择、整理、加工、保存、传递、传播、交流、吸收、排斥、融合、更新、创造最终都是为了很好地在社会发展中进行交互。通过交互，人们的价值取向也明显呈现多元化，价值领域内各种价值观的交流、交融、交锋也日趋频繁。在这样的环境下，各族人民不得不面临价值观的交互，这必然要求社会为人们提供可以实现自由交互的条件。同时，开放社会对教育的要求也是前所未有的，一方

---

❶ 朴泰洙，金永林. 民族教育的文化选择及其重要性 [J]. 教育评论，1998（4）：8.

面，在开放的社会中，教育者必须尽可能全面地传授给受教育者所需要的知识和技能，以满足开放社会对人的要求。另一方面，教育者应当提供给受教育者鉴别各种信息的科学标准和方法，并使他们能在瞬息万变的开放社会中明辨正确的方向，保证自我交互的正确性。因此，对我国民族教育而言，开放社会意味着传统灌输式的教育已经不能适应现代社会，学会交互是现代社会发展对民族教育提出的全新要求。因此，帮助当代大学生，尤其是少数民族大学生确立正确的价值观，有效地用马克思主义武装大学生的头脑，建构具有包容性的、合理的、积极有效的社会价值体系，尊重青少年的自主交互，肯定合理，引领高尚，引导大学生树立正确的世界观、人生观、价值观势在必行，以交互并确立正确的价值观为核心的开放社会中的民族信息交互教育必然成为当前我国民族教育的重要内容。❶

---

❶ 王晓菲. 开放环境下的选择教育 ［M］. 北京：人民出版社，2014：20.

第二章

开放社会中民族信息交互教育的理论依据与借鉴

我们在处理某个问题、做出某项决策时，不会无根无据地做出，要有依据，这个依据有理论层面上的，也有实践层面上的。理论层面上的依据，我们就称为理论依据，就是说从理论上找到证据，在行动之前要从理论上去论证行动的合理性、必要性，等等。在经济全球化、社会信息化的开放社会中，各民族表现出的文化多元化是全球文化的基本事实，各民族文化在交互交融的过程中表现出各自的特点，甚至有时会表现出不一致的情况，各民族在差异和包容的对立统一中向前发展，构建更具包容性的新教育与新理念。

第一节　民族信息交互教育需要对立统一的理论

一、对立统一理论的内涵

对立统一规律是唯物辩证法的根本规律，亦称对立面的统一和斗争的规律或矛盾规律。它揭示出，社会和思想领域中的任何事物以及事物之间都包含矛盾性，事物矛盾双方又统一又斗争推动事物的运动、变化和发展。对立统一规律的内涵体现在：矛盾双方的同一性与斗争性；矛盾的普

遍性与特殊性；事物发展过程中的矛盾以及矛盾双方发展的不平衡性。❶

我国是各民族共同缔造的统一的多民族国家，各族人民不断地发展着经济上的联系、文化上的交流。特别是随着经济全球化和社会信息化步伐的加快，各民族之间的交流、交融越来越频繁，越来越紧密。任何一个民族都意识到要在开放化与信息化的时代生存得好，发展得好，信息交互是唯一的正确的路径选择。但是各民族在浩瀚的历史发展长河中形成了各具特点的民族特色和民族文化，在进行交互的过程中会呈现出不一致、不统一，甚至是有矛盾的情况。这就是矛盾的统一性与斗争性同时存在的哲学范例，早在中国古代就有对其的解释与阐述。庄子在《阳则》中说"居安思危，福祸相生，缓急相摩，聚散以成"，安与危、是与非、生与死、缓与急等都是对立的、相互依存相互制约的关系；老子也有云："福兮，祸之所依，祸兮，福之所伏""有无相生，难易相成，长短相形，高下相倾，音色相合，前后相随，恒也"，形象地阐释了事物相生于斗争和统一的结合中。在民族问题上，由于不同地域人们的生活方式和生活习惯上的不同，导致民族意识上存在各种差异，当不同的民族相互接触，在信息化时代相互交融时，不同民族之间的民族意识发生碰撞，这就必然导致民族之间出现各种各样的矛盾。但是教育作为民族间信息交互的手段，让民族间这种矛盾性的存在要求各民族去寻找其共通的地方，即找到矛盾中的统一性。如何处理好各民族在信息交互过程中的可能出现的对立或矛盾是建设中国特色社会主义必须处理好的一个重大问题，也是关系党和人民事业发展全局的一项重大工作。各民族之间的不一致或者分歧，只有通过信息交互教育来解决。通过信息交互教育这条路径，才能寻求与尊重各民族的差异化、多样性，最终使各民族走向民族互尊共存与民族和谐融合的美好局面。在当今世界中，中西方的互通有无是建立在平等互利的基础之上的，这就说明双方都有对对方的需求，不仅是在经济利益上，甚至在文化交流上，双方都可以互相取长补短。对于不同民族之间的矛盾，如果不是对抗性的矛盾，即不表现出矛盾的斗争性，那都是可以搁置的矛盾。而对于对

---

❶ 何超. 论对立统一规律在民族宗教问题中的运用 ［J］. 铜仁学院学报，2011（9）：35.

抗性的矛盾，一方面必须让其向积极的方向转化，另一方面必须防止这种矛盾发生激化。因此，各民族之间在进行信息交互的过程中，必须通过教育的手段进行调和，一方面要保护好我们优秀的民族特性和民族文化，另一方面要吸收和借鉴各民族的优秀文化成果。少数民族文化是中华文化的重要组成部分，是中华文化百花园中的奇花异葩。没有少数民族文化的多姿多彩、争奇斗艳，就没有中华文化的博大精深和迷人魅力，就没有中华民族的无限活力和历久弥新。只有使各民族的文化瑰宝交相辉映，中华民族的团结和谐才会有更加坚强的纽带，中华民族的智慧和创造才会有不竭的源泉，中华文明才会不断焕发出蓬勃的生机和活力。中华文化具有求同存异和兼收并蓄包容性，各民族文化相互交融、相互促进，共同铸就中华文化，各族人民对拥有的中华文化具有强烈的认同感和归属感。❶

在民族问题中，始终贯穿着民族之间的对立统一（矛盾）。矛盾无时不有、无处不在，即是对普遍性的简明概括，而矛盾的特殊性即矛盾着的事物及其各个方面各有其特点，这一原理告诉我们要做到具体问题具体分析。马克思主义认为，民族是"人们历史上形成的一个有共同语言、共同地域、共同经济生活以及表现在共同文化上的共同心理素质的稳定的共同体"。❷ 民族与人种不同，是长期历史形成的社会统一体，是由于不同地域的各种族（或部落）在经济生活、语言文字、生活习惯和历史发展上的不同而形成的。各民族都有自己悠久的历史和丰富多彩的传统文化，有鲜明的民族个性，会在房屋建筑、风俗习惯、禁忌信仰、婚丧嫁娶、劳动生产等文化传统方面表现出来。由于民族不同、文化各异，尤其是价值观念、风俗习惯等的差别，各民族在交往中必然会发生观念的碰撞，风俗习惯上的适应和认同需要一个漫长的磨合期，其间也难免摩擦。❸ 民族意识上的差异导致不同的民族相互接触，在信息化时代相互交融时，不同民族之间的民族意识发生碰撞，这就必然导致民族之间出现各种各样的矛盾。这种

---

❶ 何超. 论对立统一规律在民族宗教问题中的运用 [J]. 铜仁学院学报，2011（9）：35-36.

❷ 斯大林全集（第2卷）[M]. 北京：人民出版社，1953.

❸ 彭清. 新疆各民族文化的统一性与差异性 [J]. 兵团党校学报，2012（5）：50.

矛盾的存在是必然的和普遍的，因为不同的民族对待相同的问题上会出现不同的价值观念，甚至看起来是相互矛盾的价值观念一样，这种矛盾的斗争性是始终存在的，并且是不容易消除的。但是各民族在信息交互过程中所产生的不一致甚至矛盾是特殊的，并不是日常生活中的"矛盾"。各民族文化相互交融、相互促进，共同熔铸了灿烂的中华文化，各民族文化是中华文化的重要组成部分，各民族文化的异彩纷呈体现了中华文化的博大精深。据此各民族在信息交互过程中产生的矛盾是属于内部的争议和不一致。通过教育，在信息交互过程中内部的这些普遍存在的、特殊的矛盾都会得以调和。

马克思主义哲学认为，在事物由多种矛盾所构成的矛盾体系里，各种矛盾力量发展是不平衡的，处于支配地位的、对事物的发展过程起决定作用的矛盾是主要矛盾，它的存在和发展，规定或影响着复杂矛盾体系中的其他矛盾的存在和发展。其他处于从属地位的非主要矛盾，与主要矛盾相互作用、相互制约，并在一定的条件下相互转化。在中华文化这个多元一体的共同体文化中，汉族文化毫无疑义地处于主导地位，是主流文化，其他55个少数民族文化处于从属地位，是非主流文化。汉族文化和民族文化就是主流与非主流关系，就是主要矛盾与非主要矛盾的关系，这种关系是辩证的。第一，由于历史发展条件和文化本身的结构、功能等方面的特点，不同民族的文化在发展中，在这一或那一历史时期，相对而言，有比较昌盛、发达、普及的；也有昌盛、发达、普及的程度稍差一些的；但是每一个民族的文化都不会因此而失去其鲜明的民族特色。由于每一种民族文化都是独特的，所以作为一种价值而言，它们均处于平等的地位，对于每个民族本身说来，都是同样重要的，对中华文化的形成和发展都是不可缺少的。第二，在中国历史上，汉族社会的物质生产力的发展水平以及与这种生产力水平相适应的生产方式始终处于领先地位，这就决定了其文化的发展也处于领先，在中华文化共同体的形成和发展中起主导作用，影响、团结和凝聚着各民族的文化。第三，多元的各民族文化，在历史发展过程中与汉族文化相互交流、相互影响、相互浸透、相互促进。❶

---

❶ 刘惠君．浅谈中华民族的多元性［J］．兰州学刊，2006（10）：94 – 96.

二、多元性是交互的前提

多元，在社会科学中，指不同种族、民族、宗教或社会群体在一个共同文明体或共同社会的框架下，持续并自主地参与及发展自有传统文化或利益。在多元社会中，不同族群相互间展示尊重与容纳，从而使他们可以安乐共存、相互间没有冲突或同化。许多人认为多元是现代社会的最重要特征之一，也是科学、社会、经济等发展的关键性推动力量。[1] 在多元社会的观念下，社会反对任何歧视的政策，认为在多元的社会文化中，任何人不论性别、种族、民族、宗教、身心障碍甚至是性倾向或性别认同等，都不应有任何歧视或差别对待，多元社会应互相包容和彼此尊重，任何人的自由意见和立场都必须尊重。多元的社会是对自由的保障，文化多元化是指一个国家或一个民族在社会发展的过程中，在继承本民族的优秀文化基础上，兼收并蓄其他国家或民族的优秀文化，从而形成以本国或民族文化为主，外来文化为辅的百花齐放、百家争鸣的和谐社会氛围。用费孝通先生的话就是："各美其美，美人之美，美美与共，天下大同"，讲得更简单一点，也可以用《论语·子路》所载孔子的一句名言："和而不同"。文化的多元化已经成为当代社会发展的潮流之一。在现代复杂的社会结构下，人们必然产生多元文化需求，造就社会文化的多元化。就我国的情况而言，"多元"就是指中国存在众多民族这样一个事实，而且具体来看每一个民族有自己独特的地域、风俗、信仰、习惯等，呈现着各种丰富而又不同的特点，这即是中华民族的多元性。[2] 在经济全球化和信息化的时代，各民族在交互、交融的过程中，对文化的需求越来越复杂化，文化发展越来越呈多元化趋势，因此，多元性是各民族进行交互、交融的前提和基础。一个民族的文化只有在文化冲突与融合中才能更新发展，各民族在文明的道路上不断演进与发展的过程，其实就是各民族的文化相互冲撞与融合的过程。各民族文化的多元性造就了在信息化的背景下进行交互教育。

---

[1] 张红霞. 论文化多元化的特点、实质和意义 [J]. 国外社会科学, 2010 (4)：83.
[2] 张红霞. 论文化多元化的特点、实质和意义 [J]. 国外社会科学, 2010 (4)：84.

在信息交互过程中，各种文化的发展均面临不同的机遇和挑战。文化的多元共存意味着各民族文化在交互过程中既是独立的，又是相互依存的，各民族的受教育者或者民众在进行积极的交互与互动的过程当中不仅展现出本民族特有的文化，从这个角度上来看民族文化是独立的、特有的；也让他们在交互、交融的过程中为了本民族文化得到发扬和长足发展，在互相冲撞的情况下主动获取他者文化中的主流信息文化以及全球社会所必需的知识、技能和态度，从这个角度看各民族文化又在竞争中相互促进。和谐社会需要多元文化的共存，社会进步需要多元文化的交互、交流和碰撞产生推进其前进的观念和思想。❶

历史表明，一个民族只有开放、只有交互才有希望，我们处在一个全球化、信息化的时代，各民族都要注重并且善于在信息交互过程中吸收其他民族的优秀文化，吸收人类社会的一切优秀文明成果，不断为民族文化发展注入新的活力，推进民族文化与时俱进、推陈出新。❷

三、多元性的核心是对立统一

构建和谐社会，从文化建设的角度来看，既要考虑文化的多元性，又要考虑文化的统一性。和谐社会需要多元文化的共存，需要不同文化之间保持一种平衡，避免过分偏离，或过分融入，或过分冲撞。❸ 我国是一个56个民族共同缔造的统一的多民族国家，中华民族的多元性是中华民族具有强大生命力的源泉之一，也正是由于这种多元性才使我们的文化更加丰富多彩，这奠定了我们国家牢不可破的民族间的大团结的基础。正如费孝通先生在《中华民族多元一体格局》一书中所说："许许多多分散孤立存在的民族单位，经过接触、混杂、联结和融合，同时也有分裂和消亡，形成一个你来我去、我来你去、我中有你、你中有我。而又各具个性的多元

❶ 杨河. 建设和谐文化要坚持"双百方针"［EB/OL］. http：//blog. sina. com. cn/s/blog_3f448faa01015wtv. html. 2007－10－25.

❷ 王宏. 浅谈少数民族文化的地位和作用［J］. 大众文艺，2010（18）：168.

❸ 三亿文库. 对立统一［EB/OL］. http：//3y. uu456. com/bp－b1b17ac408a1284ac8s0436f－1. html. 2008－11－02.

统一体。"❶ 这即是说，在我们中华民族的特性中既有多元性，又有统一性，其多元和统一是相关的、不可分割的。开放社会中的各民族在进行全方面的信息交互时表现出各具民族特色的多元文化格局，不同民族之间的文化碰撞，使物质文明、精神文明、生态文明和政治文明呈现出纷繁复杂的态势。在信息交互的过程中，各民族由于不同的价值取向和价值追求形成激烈的冲突，推进民族文化呈多元文化的发展态势，这是在开放背景下各民族进行信息交互、交融产生的现象，这个现象导致的必然结果便是各民族多元文化的交互、交融统一成为中华文化。各民族文化就像是树枝上开出的绚烂花朵，中华文化则是母体树干，离开了母体树干的滋养就没有绚烂的花朵，没有花朵的点缀也不能成就一棵完美而美丽的大树。

开放的社会背景下，各民族积极地进行信息交互，各民族作为一个个交互的个体呈现出纷繁多样的状态。各民族在进行交互教育的信息场中经过长期的交流和互动形成一体化的现象，并逐步整合成一个具有共同价值取向的中华文化这一整体。分散的大小江河把大海作为自己的共同奋斗目标，不管途经多长的路程始终流入大海，中国成语里便有了百川归海的形象描述。各民族在信息交互教育的过程中选择什么样的交互手段，进行什么样的交互内容皆是各民族面临的共同的难题。如各民族、各地区选择普通话和汉字作为共同交际的语言和文字。通过教育这样的手段，辅之普通话和汉字这样共同交际的语言和文字，各民族才能冲破可能存在的交互阻碍。在纷繁复杂的信息流中，通过信息交互教育，各民族的差异和多样性皆获得理解和尊重，通过交互后获得自己民族真正所需要的信息，最终走向多元化与交融性的统一。构建和谐社会，在考虑各民族多元文化的同时，还要坚持统一的、主导的文化。一方面，和谐社会建设要承认多元文化的存在，鼓励发展多元文化。当今社会是一个开放的社会，信息网络使这个世界变得越来越小，人们的活动范围却越来越大。各族人民通过信息交互教育，不同种族、民族，不同阶层的人才能得到公平的待遇，才有公平发展的机会。通过信息交互教育可以让每个人自身都能得到各方面发展

---

❶ 费孝通. 中华民族多元一体格局 [M]. 北京：中央民族大学出版社，1999：167.

的需求的满足。另一方面，建构和谐社会要着力建设社会主义核心价值体系，要有主导的、能统一人们思想的核心思想、核心文化和核心价值观，否则一个国家一个民族就没有凝聚力和向心力，犹如一盘散沙而不可为。❶在进行信息交互教育时，各民族必须有民族的核心信仰，有核心价值观。因此，各民族多元文化的核心即是在不一致或者矛盾中寻求的统一和融合。❷

四、主导性交互是对立统一的根本要求

中国在以往的数千年历史中，曾经涌现过为数众多的民族，各民族间的关系并不总是和谐的，但在数千年的交往中不断地融合、碰撞与交流，最终越来越紧密地结成了一个统一的多民族国家，共同创造了丰富多彩的、璀璨的中华民族文化。❸ 在中国的民族大家庭中，每一个民族不仅有自己悠久的历史而且都有自己独特的文化，具有民族群体共有而与其他民族群体相区别的民族文化特征。在开放社会中，各民族受经济全球化、社会信息化等影响，在社会前进的过程中各民族为了谋求本民族的发展与繁荣，积极地与他民族进行信息交互教育。各民族信息交互教育以其价值观的交互为核心，但是在这个多元、复杂的世界中，教育发展的价值取向面临多方面的严峻挑战，价值观领域也呈现出多样化和多元化的格局。在民族信息交互教育过程中，各民族主体通过与其他民族进行交往，取长补短，求同存异，建立起共同认可的价值规范，实现民族之间和平共处，协同发展。在开放社会中，各民族面对多种多样的价值观，有些价值观有时是不一致的、矛盾的，甚至是对立的。如何将这些对立的价值观寻求一种融合共生的道路是各民族面临的重大问题，在进行信息交互教育时，必须确立一种主导性的价值观作为各民族价值观的交互轴心。在当下中国，能够把少数民族凝聚在一定高度并且形成各民族文化自觉的只能是社会主义核心价值观。因为社会主义核心价值观所倡导的理念，就是代表全国各族人民的内心期待的价值诉求。核心价值观倡导"富强、民主、文明、和

---

❶ 张运德. 试析中华文化的民族性与时代性的统一 [J]. 新疆社会科学, 2008 (1): 103.

❷ 同上。

❸ 刘惠君. 浅谈中华民族的多元性 [J]. 兰州学刊, 2006 (10): 96.

谐，自由、平等、公正、法制，爱国、敬业、诚信、友善"，这是时代精神和民族精神的高度统一，体现了少数民族地区人民的主体性。

第一，社会主义核心价值观作为协调民族关系的内在尺度，强化不同民族之间的文化认同。我国是多民族的社会主义大国，每一个少数民族族群都是在生产实践和社会发展中形成的，每一个民族都有自己独特的文化。在开放社会中，各民族进行信息交互教育，社会主义核心价值观就是各民族价值观交互的主导，这是各民族信息交互教育共同的价值观选择。在信息交互教育过程中要尊重各民族的文化习俗、生活方式、宗教信仰和语言文字，满足少数民族文化多样性的发展。社会主义核心价值观作为民族信息交互教育的主导，必将增强各民族的凝聚力和认同感。❶

第二，社会主义核心价值观在为我们提供共同的理想信念和价值目标的同时，也为少数民族文化的发展指明繁荣之道。在开放社会中，民族信息交互教育主体克服了民族文化中某些狭隘性的东西，以社会主义核心价值观为交互主导，对各种价值观之间的冲突加以调解，避免了由于经济全球化和社会信息化所带来的思想、观念的混乱和对立，实现民族信息交互教育各交互主体在价值认同上的最大化，形成合理有效的价值秩序。

第二节 民族信息交互教育需要"双百"方针思想

一、"双百"方针的内涵

双百方针，指"百花齐放、百家争鸣"，是毛泽东提出的，繁荣文化事业的基本方针。1957 年，毛泽东同志在《关于正确处理人民内部矛盾的问题》的讲话中，提出并系统地论述了"百花齐放、百家争鸣"的方针。半个多世纪以来，"双百"方针在中国特色社会主义事业发展中产生了重要的影响和作用。实践证明，它是我们必须长期坚持的一个基本方针。在新的历史条件下，特别是在经济全球化、社会市场化、政治多极化、文化多

---

❶ 李菊霞. 社会主义核心价值观与少数民族文化建设［J］. 满族研究，2014（1）：19.

样化、价值多元化的开放的社会中，各民族在这样的信息场中随时随地在进行着各种各样的信息交互。如何在信息交互的过程中关注各具民族特色的民族文化是关乎和谐社会主义建设的首要问题。"双百"方针的态度及政策就为各民族在进行信息交互教育的过程中提供了一条行之有效的方法。

"双百"方针中的"百花"和"百家"最初是指参与学术研究和艺术创造的自由，人人皆可，更不用说各家各派。正如毛泽东在 1956 年 2 月的一封信中所说："对学术思想的不同意见，什么人都可以谈论……如果国内对此类学术问题和任何领导人有不同意见，也不应加以禁止，如果企图禁止，那是完全错误的。"❶ 对于开放社会中进行信息交互教育的主体——各民族，就应该对他们抱有"百花"和"百家"的态度，让各民族在这样开放的信息场中充分展现各民族的特色，让各民族都有展现的舞台。"齐放"和"争鸣"最初则指各自坚持自己的观点和风格（包括不同意他人观点和风格、批评他人观点和风格）的自由，真理面前人人平等。正如毛泽东 1956 年 4 月在一次讲话中所说：讲学术，这种学术可以，那种学术也可以，不要一种学术压倒一切，你如果是真理，信的人势必就会越多。对于开放社会中进行信息交互教育的各民族，也应该有"齐放"和"争鸣"的状态，各民族在不断的社会变革和自身的生产实践中，积累了承载自身价值的文化，这些文化反映了不同民族之间不同的生产生活方式以及整个民族的精神价值取向。在信息交互的平台上，各民族都是平等的，应该受到同等尊重，允许各民族多样化及各民族特色的存在。❷"双百"方针体现了各民族在进行信息交互教育过程中的主体地位和相互尊重，也体现了认识发展的规律。在开放的社会中，不同地区不同民族的交流和交互空前扩大，各种现代化传媒的传播速度和传播范围达到空前，各种文化之间的冲击和冲撞也都达到了空前。各民族有自己长期形成的价值观和民族文化，在进行信息交互时，总是存在各种摩擦和矛盾。各民族文化的冲击和矛盾，任何时候都存在，没有矛盾就没有发展。要解决这些矛盾，在信息交

---

❶ 杨河. 建设和谐文化要坚持"双百方针"［J］. 理论探讨，2007（10）：18.
❷ 杨河. 建设和谐文化要坚持"双百方针"［J］. 理论探讨，2007（10）：19.

互教育过程中要实行"百花齐放、百家争鸣"的方略。只有允许各民族"放"和"鸣"，允许各民族价值观、民族特色多元和多样的存在，才有比较，才能在这个信息场中吸收有利于个民族发展的东西，才能使本民族得到发展，才能繁荣中华文化。毛泽东指出："艺术上不同的形式和风格可以自由发展，科学上不同的学派可以自由争论。利用行政力量，强制推行一种风格，一种学派，禁止另一种风格，另一种学派，我们认为这有害于艺术和科学的发展。艺术和科学中的是非问题，应当通过艺术界、科学界的自由讨论去解决，通过艺术和科学实践去解决，而不应当采取简单的方法和解决。"❶针对一些同志在这个问题上的顾虑，他还说，在中华人民共和国宪法范围之内，各种学术思想，让他们去说。❷

回顾中外历史，凡是科学文化比较昌盛的时期，都与当时相对宽松的社会环境下，鼓励思想解放和学术自由有关。在开放社会中，各民族积极主动地进行信息交互，只有宽松的环境才能造就"百花齐放，百家争鸣"的良好局面。平等地对待各民族，不能强制推行一种民族文化，也不能禁止其他文化的存在和争鸣，这不利于中华文化的铸就及传播，应当让他们在信息场中相互借鉴，相互促进和发展。

贯彻"双百"方针，首先要承认差异，尊重差异，包容多样，和而不同。就像地球需要保持多种生物才能达到生物平衡一样，人类文化的正常发展也需要多样性的传统与智慧。人类每一种文化都是经历了几千年甚至上万年的积淀而发展起来的，它们的经验和智慧、它们的信息库藏都是其他文化所无法替代的。每一种文化都是在与异质文化交流与接触，并对异质文化作出选择过程中发展的。在现代文明迅速席卷全球的今天，每时每刻都不知道有多少土生土长的传统文化在消失。一种落后的地方传统文化的消失，谁也不会注意，谁也不会感到惋惜，但当一批文化群落消失的时候，文化的生态平衡就会遭到破坏。因此，保持文化的多元化才能避免文化走入"特质化"道路，"保持其他族群的生活方式与文化特性，就如保

---

❶　建国以来毛泽东文稿（第六册）[M]．北京：中央文献出版社，1992：343．
❷　毛泽东的读书生活 [M]．北京：生活·读书·新知三联书店，1986：95．

护濒临绝灭的稀有种属一样，是为了人类全体文化的永续存在而保存"。文化多样性给文化进化提供了丰富的选择和更大的可能，而保护文化多样性是对文化差异性的尊重，是维护文化生态平衡的必要前提。❶ 我国是一个多民族的国家，是由 56 个民族共同组成的一个大家庭，每一个民族都拥有自己的文化。应该看到各民族文化的多样性和民族差异性，在这个开放的社会中，各民族在进行信息交互时都有平等的生存权利和发展空间，互相之间应该平等共处、和谐发展。而中华文化作为主体文化，对各民族文化更是抱有包容的态度。随着经济全球化的不断发展，世界文化多元化已成为历史发展趋势；而信息网络时代所带来的各民族人民交往的便捷和网络特有的片面性，激发和增强了人们的民族意识和对民族文化的认同感。另外，因为每一种民族文化都具有其他文化所没有的优势因素，因此，文化的多元共存为各种文化的相互交流、取长补短提供了条件，各种文化在彼此借鉴优势、共同发展和繁荣的过程中产生了互相依存的共生性，从而形成多姿多彩、魅力无穷的人类文化景观。❷ 民族信息交互教育过程中，我们要反对打着民族的旗号却做有害各族人民团结的倾向，把一些极端的民族主义强加到其他民族的民众心理，破坏民族团结。当今世界的文化霸权主义是指某些西方发达国家，主要是美国将本国文化强加于其他国家的一种做法，其实质就是维护文化一元化。美国著名学者塞缪尔·亨廷顿著文宣称："虽然美国的流行文化和消费品席卷全世界，渗透到最边远和最拒斥的社会……在经济、意识形态、军事技术和文化方面居于压倒优势"，但美国"要想重新唤起较强的国家优越感，还需要战胜美国存在的崇尚多样性及多元文化主义的思想"。他得出结论说："如果多元文化盛行，如果与开明的民主制度的共识发生分歧，那么，美国就可能同苏联一道落入历史的垃圾堆！"❸ 为了维系这种"共识"，"增强人民之间的凝聚力，就必须制造一个假想敌"。亨廷顿清醒地看到，非西方国家（如中国和一些亚

---

❶ 杨河. 建设和谐文化要坚持"双百方针"［J］. 理论探讨，2007（10）：19.

❷ 同上。

❸ ［美］萨缪尔·亨廷顿. 文明的冲突与世界秩序的重建［M］. 周琪等，译. 北京：新华出版社，2010：92.

洲国家）在全球化进程中不断加强自身的文化自觉意识，已日益成为西方文化之外的另一种强大力量。为此，他才提出要学会与不同于西方文化传统的非西方民族和谐相处的文化对策，并主张要尽力去辨认西方文明和其他文明之间存在的共性因素。未来世界只能是不同民族共存的世界，时代要求每个民族不得不学会与其他民族和谐相处，否则就会丧失自己的利益，不利于自己的发展。❶ 和平与发展是当今时代的主题，但当今世界并不安宁，民族冲突时有发生，如阿拉伯民族与西方民族的冲突在相当长的一段时期内愈演愈烈。化解民族矛盾，处理好民族关系是各个国家和民族和睦相处的重要条件，而民族平等是民族团结和共同繁荣的基础。因为每一个民族，无论其大小，都是人类大家庭的一员，都为人类的发展作出过重要贡献，都应该是平等的。而在每个民族漫长的历史发展过程中积淀而成的民族文化，具有浓厚的民族特色，对异质文化乃至整个人类文化的发展具有重要作用，因而也应该得到尊重、理解和认同。对于信息场中交互的各民族，我们应提倡各民族公平、公正、平等、平和的争鸣和讨论；允许坦诚相见的批评与自我批评；支持和保证特色各异的民族自由发展和相互了解、相互切磋、取长补短、共同进步。❷

贯彻"双百"方针，还需要注意的一个重要问题是，要将它统一于实践是检验真理的唯一标准这个马克思主义的基本原理。一方面，我们讲真理面前人人平等，说到底，是因为真理的确立，不取决于人们的社会地位，而取决于实践的结果；另一方面，实践对真理的检验是一个过程，在这个过程中，任何理论都需要调整、补充和修正。在实践对真理最终确立之前，进行信息交互的各民族自由对话有利于中华博大精深的文化的铸造，绚烂的中华文化往往是集各民族之长，综合创新的结果。随着经济全球化步伐的加快，社会意识出现多样化趋向，而现代通信科学技术的发展特别是互联网的出现，又赋予了这种多样化的社会意识以快捷便利的表达和传播方式。这是"双百"方针提出的那个时代不可能想到的事情。这些

---

❶ 百度百科. 文化多元化 [EB/OL]. http：//baike. baidu. com/link? url = Tlxhosfj. 2015 - 10 - 01.

❷ 杨河. 建设和谐文化要坚持"双百方针"[J]. 理论探讨, 2007 (10)：19.

新现象的出现，一方面，使得贯彻"双百"方针有了更深厚的社会基础和社会要求，有了更广阔的社会平台和更方便的条件；另一方面，又使得贯彻"双百"方针过程中的各种干扰甚至有害信息或因素增加。如何适应信息接收方式和意见表达渠道日益多样化的趋势，加强舆论引导，营造积极健康的网络文化环境，让广大人民群众都能参与和共享"百花齐放，百家争鸣"，是我们今后在构建社会主义和谐社会过程中贯彻"双百"方针、发展"双百"方针的一个重要课题。

二、真理在争鸣中得以发展

真理的概念来源于马克思主义哲学。马克思主义哲学认为："真理是客观事物及其规律在人们意识中的正确反映。"反过来说，"真理"是人脑对于"客观事物及其规律"的正确反映，或人们对"客观事物及其规律"的正确认识。由此可见，真理的内涵就是"客观事物及其规律"。真理只能在争鸣中涌现和判定，靠权力捍卫的理绝不是真理。信息时代的来临，特别是互联网时代使人们的空间距离缩小了，大家可以公开讨论重大问题，这是搅乱了思想还是解放了思想？在这样的开放环境下，各民族积极进行信息交互教育，信息交互的方式和内容并不是在交互的开端就确立且正确的，而是在各民族信息交互教育、融合过程中不断地比较、鉴别、争鸣，甚至是冲突中形成的。如果信息交互教育的方式和内容不能够促进各民族和谐、繁荣，那么就是真理的对立面——谬误。

真理和谬误是相对立的，真理是人们对于客观事物及其规律的正确反映，谬误则是人们对于客观事物及其规律的歪曲或片面的反映。同时，真理和谬误又是统一的，真理和谬误是相互依存的，真理和谬误总是相对而存在，相互斗争而发展的，没有真理，就没有谬误，没有谬误，也就没有真理，真理战胜谬误的过程也就是真理发展和完善的过程。❶ 就像失败是成功之母一样，谬误往往是真理的先导，正是在对谬误的总结和改正的过程当中才形成最终的真理。在开放社会中，各民族进行信息交互教育，信

---

❶ 王晓菲. 开放环境下的民族教育选择［D］. 武汉大学博士学位论文，2011：39.

息交互教育的内容和方法并不是交互开端即固化好的，而是各民族在不断地对过去进行信息交互教育的经验总结和改正的过程中形成的比较贴合实际的路径。因此，真理和谬误之间既是绝对的，又是相对的。承认真理与谬误之间的辩证关系，也就是要认识真理的绝对性和相对性。真理的绝对性是指，任何真理都是对客观事物及其规律的正确认识，都是不依赖于人的主观意志而转移的，这是无条件的、绝对的。总之，我们既要承认民族信息交互教育的事实，又要深层考虑在开放的社会中各民族信息交互教育的交互内容及方式。民族信息交互教育是开放社会中，各民族谋求本民族发展的正确方式，这是客观存在的事实，并不以某些个人或者民族的意志为转移。真理的相对性是指，人们对客观事物及其规律的正确认识是要受到一定的条件限制的。在开放社会中，民族信息交互教育选择什么样的方式进行交互，以什么样的价值观为交互的核心，是受当前的大环境以及各民族的具体情况制约的。综上所述，无论是从经济全球化、信息化时代的背景来看，还是各民族对当今世界发生的变化而产生的信息交互教育也好，各种价值观的交互始终是在各民族不断地判别、争论的过程中得到发现、追求和坚持的。当然，这种争鸣必须是客观的、真实有效的。因此，在民族信息交互教育的过程中，应当坚持民族的氛围，在实践中实现正确的价值观的交互，并且改正和摒弃错误的认识和不利于民族团结的认识和做法。

三、各民族价值观的确立与交互不能脱离争论辨别

教育发展到其最后形态应该是价值观教育，价值观的教育是教育的重要任务之一。开放社会中，民族信息交互教育以其价值观的交互为核心。价值观不是一般的观念，它是关于是非曲直的观念，它对人类的生存和发展至关重要——正因为有了它，人类才能分辨世间的美丑善恶，才能懂得耻辱与光荣，才有了关于光明的梦想。正确的价值观能指导人们建立正确的价值取向、指导人们的实践活动成功进行。相反，错误的价值观会误导人们建立错误的价值取向。因此，选择和确立正确的价值观是非常重要的。

客观世界是多样的和复杂的，价值观也存在多样性和复杂性，尤其是在当今以全球化、多样化、信息化为重要特征的开放时代，整个世界正处

在大发展、大变革、大调整时期。随着世界多极化和经济全球化深入发展，科技进步的日新月异，世界经济格局也发生着新的变化，国际力量的对比也出现了前所未有的新态势，全球思想文化呈现交流、交融、交锋的新特点，中西方价值观的冲突亦更加直接和激烈，从而导致人们价值观领域的多样化和多元化。开放社会中，各民族间积极进行信息交互，但是在交互过程中受每个民族自己独特的地域、风俗、信仰、习惯等的影响，价值观领域呈现出了价值观的多元化和多样化。价值观之间的相互融合、交流、交锋，不同的价值观相互之间的激烈碰撞，都在争夺更多的信仰者。在信息交互时各民族确立什么样的价值观将会影响该民族的长久发展以及社会的和谐稳定。

价值观的形成是有一个过程的，正确价值观的选择和确立也是一个曲折的过程，即比较—判断—选择—建构—践行的过程。❶ 价值观一旦确立具有一定的稳定性，是很难改变的，民族信息交互教育过程中，各交互主体要在交互过程中不断地比较、判断和选择，确立适合开放环境及个体发展的正确的价值观。由于各民族有自己民族独特的发展历程，各民族的价值观也呈现出多元多样的趋势。在信息交互教育过程中，面对纷繁复杂的各民族价值观，交互主体并不是盲目崇拜和追寻。首先，要对各种价值观进行比较和判断，对各种价值观进行分析，明确其实质，同时对自身需求做出客观评价。其次，在比较和判断的基础上，选择正确的价值观，民族信息交互教育以价值观的交互为核心，以社会主义核心价值观为主导，交互主体通过比较、辨别发现社会主义核心价值观才是各民族团结共荣的正确选择。再次，通过价值观的选择，将价值观与实际相结合运用到具体的实践活动中进行检验并内化为各民族的价值观，并根据实践当中的提炼和总结实现巩固和完善正确的价值观，剔除和摒弃错误的价值观。在民族信息交互教育过程中，各交互主体在实践中验证了"富强、民主、文明、和谐，自由、平等、公正、法制，爱国、敬业、诚信、友善"才是我国社会主义现代化国家的建设目标，是各族人民的最高精神境界。在比较、甄选

---

❶ 王晓菲. 开放环境下的民族教育选择 [D]. 武汉大学博士学位论文，2011：42.

的过程中就会摒弃那些打着人权的旗号却干着霸权主义和强权政治的价值取向，也会摒弃那些打着民族团结的旗号搞着分裂祖国统一的行径。最后，将选择的正确的价值观进一步内化为民族的价值观。民族信息交互教育过程中，各交互主体选择社会主义核心价值观作为各民族发展的指引，在今后的交互及实践过程中，各民族将会围绕社会主义核心价值观进行信息的交互和交融。

综上所述，正确价值观的选择和确立离不开与错误价值观的争论与辨别，同时，在价值观的选择和确立的过程中，任何一个环节都是正确的价值观与错误的价值观之间的争论与辨别的过程。同理，在开放社会中，民族信息交互教育过程中各民族价值观的确立与交互就是正确的价值观与错误的价值观进行比较、斗争、辨别，使错误的价值观完全暴露，使正确的价值观为交互主体所认同与坚持。

第三节　民族信息交互教育需要教育公平理论

一、教育公平理论的内涵

所谓教育公平，是指国家对教育资源进行配置时所依据的合理性的规范或原则。这里所说的"合理"是指要符合社会整体的发展和稳定，符合社会成员的个体发展和需要，并从两者的辩证关系出发来统一配置教育资源。❶ 在开放社会中，各民族积极地进行信息交互，在此过程中由于各民族之间的民族文化差异、经济差异、地域差异，而使这一交互过程出现诸多问题，其中不乏有不公平的元素出现。教育是民族信息交互达到融合共荣的最佳途径，教育公平则是各民族在交互的信息场中急需解决的重大课题。因此，民族信息交互教育呼唤教育公平理论，教育公平理论是解决民族信息交互教育存在分歧的基础。

---

❶ 孙百才，张洋，刘云鹏. 中国各民族人口的教育成就与教育公平——基于最近三次人口普查资料的比较 [J]. 民族研究，2014（3）：25.

根据 2010 年我国公布的人口普查数据，2010 年中国 6 岁以上人口的平均受教育年限为 8.8 年，较 2000 年的 7.6 年和 1990 年的 5.5 年有很大提高，平均受教育年限最高的民族是俄罗斯族（11.2 年）、塔塔尔族（10.7 年）、赫哲族（10.7 年）；最低的民族是门巴族（5.2 年）、藏族（5.4 年）、珞巴族（5.7 年）。汉族人口的平均受教育年限为 8.9 年，居 56 个民族的第 14 位。❶ 少数民族人口较为集中的地区处于全国平均水平之下，尤其是贵州、西藏两地和全国平均值相距甚远。同时，人口普查数据还显示，少数民族人口集中的地区文盲率高于全国平均水平甚多。以上数据反映出这样一个事实，新中国成立以来，我国少数民族教育事业获得了突飞猛进的发展，但仍然滞后于全国平均发展水平，少数民族聚居区和全国其他地区之间教育发展的不均衡现象仍然存在。❷ 在民族信息交互教育过程中，我们必须首先处理民族教育公平问题，信息交互才能顺利进行。

二、教育公平是民族信息交互教育的必然选择

其一，不同民族间经济发展水平的差距往往是导致社会产生诸多不平等的重要根源，也是世界各国普遍面临的考验社会公正的重要问题之一。我国各少数民族居住区域广泛，区域间存在巨大的资源环境差异和民族文化差异，各民族传统的经济活动方式也各有不同。比如，有的民族善农作，有的好畜牧，有的精于商业，这就导致各民族经济发展水平存在显著差异，这种经济状态就呈现出多元化、多层次化的特征。其主要表现为以汉族为主体的若干民族群体和其他少数民族群体在经济发展水平上存在较大差距。❸ 在开放社会中，各民族积极地进行信息交互，经济发展的不均衡就使得有些少数民族在交互过程中处于劣势，不能够顺利地完成信息的交互过程。特别是在这个信息化发展迅猛的时代下，各少数民族群体的受

---

❶ 孙百才，张洋，刘云鹏. 中国各民族人口的教育成就与教育公平——基于最近三次人口普查资料的比较［J］. 民族研究，2014（3）：26.

❷ 同上。

❸ 滕星，王铁志主编. 民族教育理论与政策研究［M］. 北京：民族出版社，2009：73.

现代教育研究丛书　XDJYYJCS

教育者或者公民在积极地进行信息交互、互动的过程中就会产生由于各民族经济发展的原因使得自己在教育交流和学习的过程中处于劣势的地位。因为经济是教育的基础，经济发展水平决定了社会发展教育的动力和需求。如果经济长期处于滞后水平，就会对教育产生全方位的影响，如导致财政预算内教育经费长期不足、教育附加难以足额征收、校办企业和勤工俭学创收无法实现、社会筹集资金渠道有限、个体家庭无力承担子女教育费用、社会对教育需求偏低等因素，严重制约当地教育事业正常、健康地发展，导致民族地区的教育规模偏小，教育质量偏低，办学条件偏差等。经济基础决定上层建筑，当少数民族所在区域的经济处于落后时，该民族地区的教育水平相应地也没有多少竞争力。当各少数民族进行信息交互教育时，该民族的受教育者或公民就会存在接收信息的难度，很难融入这个信息场中。各民族在进行各种信息的交互，面对的大环境、大背景都是一样的——经济全球化、社会高度信息化，虽然国家有相应的政策倾斜，依然不可消除在信息交互过程中的不公平因素出现。因此，要保证民族信息交互教育的顺利进行，发展少数民族地区的经济是第一要务。

其二，民族文化差异影响了各民族进行信息交互。中国的少数民族有着丰富多彩的传统文化，文化多样性极大丰富了教育的内容、形式和理念，但也对教育的文化公正性提出了挑战。随着教育民主化思潮的发展，如何对待主流文化和非主流文化在教育中的地位问题，一直是争论的焦点之一。多元文化教育者明确提出："民土社会中的教育应帮助学生获得使社会平等的学习机会这种学校应该尊重、包容、接纳来自不同群体的文化。教育的最终目的应该是帮助学生在认同、热爱自己的文化的基础上建立起在跨文化社会中所必需的更加民主的价值、信念、知识技能和态度。"❶ 在开放社会中，各民族积极地进行信息交互，但是交互的过程受到各民族多元多样文化的影响，使得有些少数民族主体在信息交互教育的过程中处于劣势，不能很快地融入主流文化。从文化视角来探查民族信息交

---

❶　James A. Banks: An Introduction to Multicultural Education: [M]. Massachusetts: Allyn and Bacon Publishers, 2002: 143 –144.

互过程中的教育平等问题，学校与当地社会的文化隔阂、语言差异是影响着民族信息交互的两大重要影响因子。对于大多数少数民族而言，现代学校教育是半个多世纪以来才出现的来自异文化的新事物，传统文化中那种言传身教以及传授生存技能的教育方式并不符合现代学校教育的特征。而我国现行的学校教育体制是全国统一的，"统一"意味着"差异"的忽略，意味着以"共性"取代"个性"。如在基础教育阶段，全国有统一的教学内容、教学方式、管理方式，这些做法基本上都是沿用汉族地区的做法。在信息化社会，各民族在进行信息交互教育时，各民族就不能充分体现本民族的文化特征，而往往无形中被归入"先进的、现代的"对立面。在信息交互教育过程中，各民族的受教育者或者公民在一种相对陌生的环境下学习，逐渐发现自己身边熟悉的文化原来是奇异的、落后的、古老的。各民族的受教育者为了能够在信息场中能够和其他民族进行信息交互，使自己得到发展，必须适应新的文化环境，建立新的身份认同。这个切入的过程就使得少数民族受教育者由于文化的差异而更加困难，身份转换失败可能导致学生"厌学"或"逃学"，转换成功则可能导致学生和其民族长期的传统文化有隔阂。最终，学校与当地民族社会文化的隔阂成为家长不愿支持子女继续学业的重要原因。要保证各民族在信息化、全球化蔓延的时代能够顺利地、积极地进行信息交互，教育的方式和体制在紧跟主流文化的同时，亦要兼顾各少数民族文化的多样性和多元性，尊重差异，使得各民族进行信息交互。

其三，民族地域分布影响各民族进行信息交互。我国少数民族分布的地域十分广阔，约占全国总面积的 63.8%，其地域分布特征大体上可以用"大聚居于西部，小聚居于各省区的山区、边界、牧区或干旱内陆"来形容。❶ 由此可以看出，少数民族聚居的区域往往是地理环境相对封闭的，自然条件相对恶劣的。各民族在信息交互的过程中，由于本民族长期的基础条件限制使得少数民族在进行信息交互教育时受到较大的制约。地域分布差异本身不能导致教育发展的不均衡，但是，由于地域特点而导致的经

---

❶ 滕星，王铁志主编. 民族教育理论与政策研究 [M]. 北京：民族出版社，2009：83.

济发展基础差异、生活条件差异以及对外交往的制约等，为教育区域间的不平等发展提供了条件。地域劣势决定了教育资源分配的劣势地位，表现为：受经济条件的影响，地方政府、社会及家庭对教育投入有限；地处偏远，优质的师资难以引入；受气候、地形等因素的影响，办学环境较差，办学成本高于其他地区等。尤其是受市场经济的影响，经济利益的驱动和效益优先原则的影响，各种教育资源要素会自发地向占据地域优势的学校转移。受处于劣势的地域影响，民族教育在发展起点上就已经大大落后于汉族，而且后劲不足，社会对教育的需求不高，给教育的普及和发展在客观条件上带来极大的困难。各民族在进行信息交互时，教育作为交互的介质是否能够得到优质的保证是顺利完成信息交互的基础保证。但是少数民族由于所处地域的影响，接受教育的地理环境交通不便，较封闭，思想观念相对保守，对于全球化、信息化时代的新思想、新观念不能及时掌握和吸纳。在与其他民族在进行信息交互时，就没有共同的"语言"和"价值观念"，少数民族主体对于信息交互就会出现迟滞或者发生排斥的现象。因此，各民族在进行信息交互时，为保证其顺利进行，要关注各民族所处的地域环境，对其加以政策等倾斜，让各交互主体大体能在同一平台上。

第四节 民族信息交互教育需要教育生态理论

一、教育生态理论的内涵

所谓生态，是指生物与环境的关系。"生态学"自 1868 年由德国生物学家赫克尔给予较明确的界定，到 1976 年，"教育生态学"这一科学术语才由美国哥伦比亚大学师范学院前院长劳伦斯·克雷明在《公共教育》一书中正式提出，并列专章进行探讨。尽管教育生态学作为一门新兴的科学，历史短暂，但教育生态学观念的胚芽早就根植于古代的教育中了。孔子的"性相近也，习相远也""多识于鸟兽草木之名"的谈论，说明他已意识到环境因素对教育的作用与影响。"孟母三迁"更说明当时人们已注意到教育与自然环境、社会环境的关系。教育生态学是研究教育生态系统与各种生态环境以及构成要素之间关系的科学，尤其侧重考察各种教育生态环境及其构成要素对教育生态系统和作为教育生态主体的人的影响。❶在当前这个经济全球化、社会信息化的开放环境下，整个社会以及个人的存在方式都在发生着巨大的变化。无论是国家、一个民族或者每一个公民要想得到进一步的发展，必须在这个知识日益更新，信息迅猛发展的广阔空间中与他者进行思想文化、科技知识等沟通和交流。在相互的碰撞中，进行信息知识的交互交融，增大自己的信息量发展自我。各少数民族亦如此，随着信息化的无孔不入，各少数民族意识到只有积极地与他民族进行信息交互教育才能使自己民族不至于淹没在浩瀚的信息海洋中。但少数民族由于受所处地域环境诸多因素的限制，在与他民族进行信息交互时，总是会有现代信息匮乏、思想观念后进等阻碍着信息交互教育的完美收官。进行教育生态学研究即在于通过分析少数民族教育生态环境因素与教育事业发展之间复杂的、动态的关系，揭示少数民族教育发展的规律和生态机制，探索优化少数民族教育生态环境的途径和方法。

少数民族教育的发展离不开所处的生态环境，切实把握民族教育的生态规律，正确处理少数民族教育和生态环境的辩证关系，才能从根本上解决少数民族地区教育发展存在的问题，为信息交互教育提供坚实的保障。由于各种原因，民族教育面临更大的生态问题。就中国情况而言，虽然新中国成立60多年以来民族教育得到了较大的发展，但由于自身发展基础的薄弱，与发达地区或者汉族地区教育水平相比，民族教育存在极大的差距，而且这种差距有拉大的趋势。一旦有了差距存在，各民族在进行信息交互教育时，就不能做到对等的交互，就会被主流信息或者主流文化所掩盖，就像生物界里存在的强弱群体一样，他们之间常常缺乏平等的对话和沟通。只有加强他者信息的收集和学习，强大自身的对外交流能力，才能在信息交互教育过程中占据一席地位。我国的少数民族在地域分布上基本形成分布于山区、高寒地区、荒漠干旱地区及草原的格局，极大地影响了

---

❶ 滕星，王铁志主编．民族教育理论与政策研究［M］．北京：民族出版社，2009：299.

教育规模与学校的设置；少数民族人口的急剧增长不仅造成生态环境的恶化，也给民族教育的发展设置了障碍；这就给个民族进行信息交互设置了障碍。许多少数民族地区，教育经费紧张导致教育资源极度匮乏；在民族教育内部生态结构上也存在失衡，表现为基础教育普遍存在"三高三低"现象，即辍学率、复读率、留级率高，入学率、巩固率、升学率低；职业教育和成人教育虽然获得一定发展，但整体水平依然低下，难以满足民族地区社会发展需要；高等教育规模发展有待进一步加快，办学水平和办学效益有待进一步提高。❶ 由此可见，民族信息交互教育的顺利进行，离不开良性的民族教育生态系统。

二、教育生态是民族信息交互教育的必要条件

首先，民族地区自然环境及交通设施导致教育生态失衡制约民族信息交互教育。每个民族都生存于特定的自然背景当中，各民族生存的自然条件也各不相同。这些差别体现在地质、地貌、自然环境、气候及生态环境等各方面。它们为不同民族的形成和发展提供必要条件的同时，也为其带来了种种阻碍和不利因素。外在的自然环境与民族教育发展的不协调给各民族进行信息交互带来诸多不便与阻碍，因此，民族教育必须依托民族地区的自然环境妥善发展。我国少数民族地区虽拥有广阔的地域空间，但绝大多数的地域是山地、高原、沙漠、戈壁、裸岩、冰川积雪及干旱、半干旱和高寒阴湿地区，能够为生产、生活利用的有效空间极为有限，加之大部分地区地处偏远、深居内陆、环境恶劣、自然灾害频繁，且资源开发难度大，发展容量极为有限，从而形成相对狭小的空间。❷ 因此，民族地区的自然环境影响了民族学校的分布形式与规模，经济落后造成的教育资金的严重匮乏使民族教育难上加难。各民族受教育者在这样的学校中接收到的信息、学习到的最新知识和理念是相当有限的，当信息化时代和经济全球化时代到来时，他们能够意识到要积极与他人、他民族进行信息的交互

---

❶ 滕星，王铁志主编. 民族教育理论与政策研究［M］. 北京：民族出版社，2009：84.
❷ 滕星，王铁志主编. 民族教育理论与政策研究［M］. 北京：民族出版社，2009：307.

才能把自己和本民族"带出去"，但是教育条件的有限阻碍了他们在这个无限的信息场中自由发挥。除此之外，民族地区的交通便利程度也在很大程度上影响着民族教育的生态健康发展。交通的落后势必阻碍经济的繁荣，经济的落后使得信息闭塞、人员交流困难，最终导致教育落后与发展缓慢。交通不便甚至影响教材供应、统考、教学督导和交流。各民族的受教育群体在有限的空间内进行有限的学习和交流，甚至对外界的世界一无所知。譬如，外界的交互主体能够自如地运用现代化的通信工具和学习手段掌握世界上的最新消息和动态，但是有些少数民族地区的受教育者甚至还没有接触过像电脑等这类型现代化的交流工具。当两者在进行信息交互时，有限的教育水平很大程度上抑制了交互过程的顺利进行。

其次，民族地区人口结构引起的教育生态失衡阻碍了各民族进行信息交互教育。一方面，民族地区人口数量增减影响着民族教育生态。民族人口数量的急剧增长会给原本相对落后的民族教育造成更大的困难。从新中国成立以后到 2010 年第六次人口普查结果显示，中国少数民族人口为113 792 211人，占总人口的 8.49%。同 2000 年第五次全国人口普查相比，各少数民族人口增加 7 362 627 人，增长 6.92%。❶ 这已相当于一个大中国家的人口规模，这无疑使相对落后的民族教育面临更加严峻的考验。民族人口数量的急剧增加不但会增加教育人口容量的压力，而且会出现严峻的生态危机。尽管民族地区地域辽阔，但这些地区多为高寒山区、干旱半干旱地区，生态系统十分脆弱。人口的迅速膨胀对于经济容量和生存空间狭小的民族来说，势必造成人口相对资源、生态和环境的超载，严重阻碍地区社会经济的发展，制约教育事业的发展。这种教育生态的恶性循环将给信息交互的主体造成很大的影响。另一方面，民族地区人口区域分布、人口的年龄结构、性别结构影响着教育生态。我国少数民族人口虽然不多，但是分布的地域占了全国国土面积的 50% ~ 60%，形成地大物博、人口稀少、密度小的特点。受历史的影响，少数民族大多以边疆为中心形成自己

---

❶ 百度百科. 第六次全国人口普查 [EB/OL]. http：//baike. baidu. com/link？ url = 7BTBW 25XhwSeyiomUcApGymqlEUhKjY1ozTTQyNhD9n geGP1 – Od3k _ 5wjDP69a2D _ ErGX1MjgttVhKcM – ks5sa. 2015 – 08 – 08.

的聚居区，同时又有各民族交错居住的格局。人口的分布情况就直接影响了采取什么样的办学形式和办学制度。有些少数民族地区的学校分布是呈星点式的、不规则的，如在游牧民地区出现"马背学校"等流动办学形式。受教育者在这样的教育影响之下，将导致各民族在信息交互过程中不能从容的应对。另外人口的年龄结构和性别结构也直接影响教育生态系统的结构变化。少数民族地区学生升学率低，造成年龄偏大的居民受教育程度偏低。并且有些少数民族地区有重男轻女的思想观念，女性受教育的比例远远低于男性受教育的比例，男女比例的失调不仅影响学生在学校中的活动和交往，也必将影响女性在社会中的融入程度。在现代这个人人平等、男女平等的社会，女性已经在各个领域发挥着越来越重要的作用。但是对于有些少数民族的女性来说，在信息交互过程中是处于劣势地位的，接受的教育有限，接收的外界信息较少，在这个信息化和全球化的社会就会显得手足无措。由此可以看出，不管是人口的区域分布还是人口的年龄结构和性别结构都会在一定程度上引起民族教育的生态平衡。在这个开放的环境下，各民族积极地进行信息交互，但是教育这个交互手段如果失衡，那信息交互的这个过程就不会有好的结果发生。

最后，民族文化传统亦会引起教育生态发生改变从而影响民族信息交互教化，不同民族有不同的文化。丰富多彩的民族文化才构成人类多元共有的世界文化。正是不同民族文化的差异性，才使得世界文化具有多元多样的特征。随着信息时代的到来，人与人之间的交往日益频繁，各个国家、民族、个人都越来越处于一种开放的状态之下，在这种状态下各民族不断地进行信息交互使各种文化不断渗透与融合。在这种竞争与比较的格局里，每个民族与个人都在寻找新的突破点，于是各民族纷纷走出自己民族的文化格局，积极地接触其他民族的文化模式并与他民族进行各方面信息的交互，这就使得各民族的文化受到强大的冲击。各民族都面临既要顺利进入主流文化的现代化社会，又要保留本民族文化的重大使命。多元文化教育就是以尊重不同文化为出发点，在平等的基础上，促进不同文化主体之间相互理解、相互尊重。各民族在进行信息交互教育时，各主体要不断地与其他民族进行文化间的交流、碰撞和吸收，取长补短，才能促进各民族间的相互了解和尊重，让信息交互进行得更顺畅。综上所述，在这个开放的环境下，各民族间的交流日益频繁，为了促进不同文化的共生、共存，各交互主体需要尊重其他民族的文化，让各种文化加快融合。

第五节　民族信息交互教育需要真理标准理论

一、真理标准是民族信息交互教育的标准

1978 年 5 月 11 日，《光明日报》发表本报特约评论员文章《实践是检验真理的唯一标准》，由此引发了一场关于真理标准问题的大讨论。文章指出，检验真理的标准只能是社会实践，理论与实践的统一是马克思主义的一个最基本的原则，任何理论都要不断接受实践的检验。真理只能从实践中来，真理只有在实践中才能检验。马克思在《关于费尔巴哈的提纲》中说道："人的思维是否具有客观的真理性，这并不是一个理论的问题，而是一个实践的问题。人应该在实践中证明自己思维的真理性，即自己思维的现实性和力量，亦即自己思维的此岸性。关于离开实践的思维是否具有现实性的争论，是一个纯粹经院哲学的问题。"❶ 这就告诉我们，一个理论是否正确，是否能够正确地反映客观实际，是否能够正确地揭示客观规律，是否能称之为真理，只有在实践当中才能得到检验。这是马克思主义的一个基本原理。

实践不仅是检验真理的标准，而且是唯一的标准。毛泽东在《实践论》中指出，"只有人们的社会实践，才是人们对于外界认识的真理性的标准。"❷ 这里说："只能""才是"，就是说，标准只有一个，没有第二个。这是因为，辩证唯物主义所说的真理是客观真理，是人的思想对于客观世界及其规律的正确反映。因此，作为检验真理的标准，就不能到主观领域去寻找，也不能到理论领域去寻找，理论自身不能成为检验自身是否

❶ 马克思恩格斯选集（第 1 卷）[M]. 北京：人民出版社，1995：16.
❷ 毛泽东著作选读（上册）[M]. 北京：人民出版社，1986：122.

符合客观实际的标准。作为检验真理的标准，必须具有把人的思想和客观世界联系起来的特性，否则就无法检验。人的社会实践是改造客观世界的活动，是主观见之于客观的东西。实践具有把思想和客观实际联系起来的特性。因此，正是实践，也只有实践，才能够完成检验真理的任务。在这个经济全球化和信息化发展迅速的时代，各民族意识到彼此之间要进行信息交互才能获得本民族的长远发展。但是对于是否要进行信息交互、什么时候进行信息交互以及要交互什么内容并不是由各民族的公民或者某一个受教育者确定的，必须在各民族之间的交互融合的实践过程中决定。只有在实践中确认辨别要交互什么样的信息、进行信息交互的准确时机，在实践中验证什么样的做法才是既能顺应当前信息化的时代，又能把各民族的文化得以传承和发扬。各民族也会根据自身的强弱项有选择地与他民族进行信息交互，在信息交互过程中注意收集信息以弥补自身的短板，也知道用什么样的交互方式能够让本民族的强项和特色展示给其他民族学习。

关于实践是检验真理的唯一标准，我们要用发展的、联系的观点来理解，否则就违背了马克思主义，陷入教条主义的怪圈。客观世界是普遍联系和永恒发展的，实践也是不断发展的，虽然实践作为检验真理的标准是唯一的、绝对的，但是在一定发展阶段的实践只能成为检验相应真理的标准。❶ 在开放社会中，各民族积极地进行信息交互教育，交互的形式、交互的内容和交互的主体并不是一成不变的，其受到政治、经济、市场等各方面的影响而变化。如受互联网的影响，可能在特定的时期内民族信息交互教育的内容就跟随着互联网方面的信息而发生变化。正确的价值观也是人们在认识和改造世界活动中真理性认识的一部分，因此，真理检验的标准，同样也是价值选择的标准。价值观是以观念的形式存在的，但其内容是客观的，对价值观的评判标准同样也不能在主观领域当中寻找。价值观对人们的影响必须在实践活动当中才能表现出来，价值观正确与否要看它能否正确地指导人们进行实践活动，因此，价值观检验的标准也是实践。人们只有通过实践检验才能明确哪个是正确的价值观、哪个是错误的价值

---

❶ 王晓菲. 开放环境下的民族教育选择 [D]. 武汉大学博士学位论文，2011：45.

观，才能依据实践检验的结果作出正确的选择。在开放社会中，各民族在进行信息交互教育的过程中并不能在第一时间就确定交互的价值观哪一个是正确的，哪一个是错误的。只有通过在实践中验证才能做出正确的选择和判断，才能有选择性地进行交互，既能把握正确的主流价值观，也能通过选择性交互发展本民族。像那些打着民主和自由的旗号，进行民族分裂的活动或不利于中华民族团结的勾当在实践的检验中败露无疑。

二、实践是检验民族信息交互教育的标准

世界已进入信息化时代，因特网在全世界的迅速发展，在全球范围内掀起了建立信息基础设施的热潮，人们已经充分认识到信息已继原材料、能源之后成为世界第三大资源。以计算机技术、通信技术、网络技术为代表的现代信息技术已经成为当今世界最先进的生产力。因此，各国、各民族纷纷制定相应的发展计划，积极与他者进行信息交互，避免在这场新的科技竞争中落在后面而丧失竞争力。

随着社会的发展和知识经济的来临，在开放社会中，各民族积极地进行信息交互教育，如何能够在这个信息场中及时获得自己需要的各方面信息并尽快地作出反应，是目前各交互主体面临的重大问题，而实践则是检验各民族进行信息交互教育的标准。

（一）民族信息交互教育的方法在实践中产生

方法的含义较广泛，一般是指为获得某种东西或达到某种目的而采取的手段与行为方式。民族信息交互教育的方法是教育者为了实现各民族人民积极主动地良性交互这一目的，在民族信息交互教育的实践过程中，对教育对象所采用的手段和方式的总和。它是联结教育者与受教育者，帮助教育者能动地认识、影响和作用于受教育者，从而消除双方之间的矛盾和差异的中介因素，对实现各民族的和谐、团结具有重要的方法论意义。开放环境下，民族信息交互教育的方法比较多，比如比较教育的方法、榜样示范的办法、情感教育的方法等，具体方法第六章详述。各民族的受教育者在信息交互过程中都会根据自身及交互对象的具体情况而选择适宜的信息交互教育的方法。无论交互主体选择什么样的交互方法，并不是凭主观

臆想决定的，而是在信息交互教育的过程中不断地尝试、不断地实践过程中产生并利用的。交互主体选取的方法是否适合或者促进信息交互教育的顺利进行，需要在信息交互教育的实践中检验。各民族交互主体在信息交互教育中的方法是否正确，以及如何判别该方法的正确性其实就是真理和真理检验的问题。真理是主观符合客观，是人们关于客观事物及其规律的正确反映；而真理的检验标准则是指人们以什么为标准去检验某种认识、理论是否与客观事物及其规律相符合，即人们的认识是否具有客观真理性的问题。马克思在《关于费尔巴哈的提纲》中写道："人的思维是否具有客观的真理性，这并不是一个理论问题，而是一个实践问题。人应该在实践中证明自己思维的真理性，即自己思维的现实性和力量。亦即自己思维的此岸性。关于离开实践的思维是否具有现实性的争论，是一个纯粹经院哲学的问题。"❶ 从中我们可以看出实践是检验真理客观性和现实性的标准。民族信息交互教育方法是否符合各民族间积极主动地进行信息交互这个真理，交互主体以什么为标准去检验这种方法的正确性，实践就为民族信息交互教育方法的产生、使用提供强有力的保障。因此，民族信息交互教育的方法是在各民族信息交互的实践中产生、发展起来的。

（二）民族信息交互教育的内容需要实践的检验

在开放社会中，民族信息交互教育的内容和核心是价值观的交互。当前世界面对经济全球化、政治多极化、文化多元化三大时代潮头的袭击，人们也表现出价值观的多样化和多元化。价值观是基于人的一定的思维感官之上而做出的认知、理解、判断或抉择，也就是人认定事物、辨定是非的一种思维或取向，从而体现出人、事、物一定的价值或作用；在阶级社会中，不同阶级有不同的价值观念。价值观具有稳定性、持久性、历史性、选择性、主观性的特点。价值观对动机有导向的作用，同时反映人们的认知和需求状况。价值观决定人的自我认识，它直接影响和决定一个人的理想、信念、生活目标和追求方向的性质。价值观是一种基本信念，它

---

❶ 杜晓青，梅爽. 科学把握"实践是检验真理的唯一标准"内涵 [J]. 南昌教育学院学报，2009（2）：1.

带有判断的色彩，代表了一个人对于什么是好、什么是对以及什么会令人喜爱的意见。在开放环境下，各民族进行信息交互教育，各种价值观相互融合、交流、交锋，不同的价值观在交互中激烈碰撞，但多元多样的价值观都以社会主义核心价值观为主导进行交互。党的十八大提出并突出强调："倡导富强、民主、文明、和谐，倡导自由、平等、公正、法治，倡导爱国敬业、诚信、友善，积极培育和践行社会主义核心价值观。"我国是一个统一的多民族国家，民族地区社会成员在信息交互教育过程中对社会主义核心价值观是否认同，认同的程度如何，能否让社会主义核心价值观在信息交互教育中内化为各民族成员的价值认同，内化为引领民族地区社会成员生活、行为的方向和判断是非的标准？社会主义核心价值观的形成并不是无源之水，而是立足今天开放环境的时代条件和时代要求，对中华文化优秀成果，包括少数民族文化优秀成果的提炼、概括、提升和弘扬。❶ 在开放社会中，各民族进行信息交互教育，其间以什么样的价值观作为自己行为的指导原则是信息交互教育需要解决的重大问题。社会主义核心价值观的确立正是在开放环境下各民族信息交互教育过程中应运而生的共同的价值取向。从在实践中证明社会主义核心价值观对于实现民族复兴中国梦的宏伟目标看，核心价值观是一个国家的重要稳定器，具有强大的凝聚力、感召力，关系社会和谐稳定与国家长治久安。

综上所述，民族信息交互教育中选择核心价值观为交互的核心和指导，是来源于各族人民在交互过程中对当前时代发展的认识和民族发展的需要，也就是说，民族信息交互教育价值观的确立是在各民族交互过程中不断实践而形成的，实践就是评判价值观选择的最终标准。

---

❶ 王晓菲. 开放环境下的民族教育选择 ［D］. 武汉大学博士学位论文，2011：46.

开放社会中民族信息交互教育的本质与特征

开放社会中民族信息交互教育是时代发展的新课题，是教育发展的重要趋势，也是人才成长的内在需要，它的重要意义和价值不言而喻，但是仅仅明白了其重要性还远远不够，究竟什么是交互，开放社会中的民族信息交互教育的内涵与本质是什么，其特征又是什么，弄清楚这些问题对于我们从根本上解读开放社会中的民族信息交互教育非常重要。

第一节　开放社会中民族信息交互教育的内涵

一、交互与民族信息交互教育

根据第一章的内容可知，交互，主要是指在一定的历史文化背景下，人与人之间通过特定中介手段相互往来，进行物质、精神或两性等内容交流的社会活动。根据马克思、恩格斯的相关观点和研究，交互指的是人们在生产及其他社会活动中发生的相互联系、交流和交换。马克思认为，"人的本质不是单个人所具有的抽象物，在其现实上，它是一切社会关系的总和。"❶ 这里的社会关系，就是人和人之间通过社会交互之后所产生的

---

❶　马克思恩格斯选集（第1卷）［M］．北京：人民出版社，1995：56．

社会关系。对主体而言，这种社会交互关系无时无处不在，从诞生前被期待，到死亡后被怀念，可以说，只要生命存在一天，就会感觉到被社会关系网络如影随形地追随一天。从这个意义上说，交互对于每一个现代社会的人而言，是一种超验的存在，同时也是一种实然的体验，却不是一种能被轻易掌握的应然规律。从运行结构上看，人类社会的交往是以时代生产力为背景，交互主体之间为达到一定目的，通过交互中介遵循一定方式进行的价值博弈过程，由交互主体、交互中介（客体）、交互内容、交互意义、交互形式、交互过程与交互背景七个部分组成（见图1）。

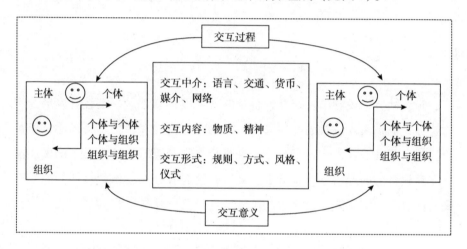

图1　交互结构总图

简言之，交互是主体间通过交互中介进行客体内容交互，从而获得交互意义。这里的交互主体主要是指参与交互的个体和组织。个体是每个社会中的个人，组织是指特定时空范围内因为一定价值、目的、功能等，按照一定方式结合在一起的个体的集合，如民族、国家、公司、学校、医院等都是交互意义上的组织。

从主体角度看，主要存在个体与个体、个体与组织、组织与组织之间三种交互方式。主体是交互过程中最活跃、最具有决定性的因素。通过交互，主体将实现自身"本质力量的对象化"，即在交互中，体现自己的地位、阶层、族群或是教育背景等属性。主体进行交互活动的能力称为交互力。它是指主体可自由支配的交互资源、权力、知识、社交过程的信息对称性以及自身社交技巧的区别形成不同的交互力。通过交互经验积累、学习和自身领悟，主体的交互技巧和能力是可以得到提高的，但技巧只能依附于不同交互主体而差异性存在，是交互主体的一个组成因素。所有这些差异，导致主体在社交过程中的地位和主导能力不同，从而导致交互期望和交互目的达成的满意程度也不相同。

交互的客体方面主要是指主体之间的交互内容，包括物质层面、精神层面和两性需求等。物质和精神层面交互在当代主要是经济和科技交互、知识和信息交互、文化艺术和教育交互以及职业交互、情感交互等。两性交互则产生两性关系、诞生生命个体、家庭和血缘关系、伦理道德关系等。交互内容在主体间完成传递，必须凭借一定的中介客体才能完成，交互中介是交互发展水平的标志，主要有语言、通信手段、运输工具和货币四大类。其中，主体自身拥有的交互能力，如语言、表情、手势等可以作为主体性交互中介，客体性交互中介则包括道路、交通工具、文字、书报刊印刷产品，以及电报、电话、电影、电视及网络等传播中介，而货币是交互中最重要的交换中介。但需要指出的是，在一定条件下，交互主体之间也可能互相视对方为交互客体，交互内容和中介的客体性之中也会包含一定的主体性，如马克思所指出的，"在生产中，人客体化；在消费中，物主体化。"❶

从宏观意义上看，交互是个人、组织和社会存在的前提，交互的客体部分如交互中介、内容等方面的发展和主体对交互自身的理解不断深入，是促进个体、组织和社会发展和进步的动力。首先，通过交互能够提高个人生产力，从而促进社会整体生产力的创造、保持、传播和发展；其次，交互是人类认识世界和改造世界、不断促进社会发展的必要前提；最后，交互能够促进人的全面发展。

从微观看，随着交互行为的进行，主体间不断就交互内容进行交互，从而各自获得了交互意义。在面向同样交互内容的同一个交互行为中，交互意义对参与其中的不同交互主体而言也可能各有差别。例如在商品交互

❶ 卢斌. 哲学视野下的网络社会交往［D］. 中央党校博士学位论文，2008：17.

中，生产方通过让渡产品的使用价值而获得价值，而消费者通过让渡价值——支付货币，获得使用价值。无论交互的意义如何变化，它对交互主体而言是客观存在的，交互意义对交互主体的差异性存在和社会性求同的交互作用，构成了主体进行交互的动力。

交互不可能脱离时空背景进行。如俱乐部、舞会、广场、教室、办公室、车间等交互场所可以作为交互的微观因素，与交互中介所负载的文化意义以及主体所在的历史方位的生产力水平、政策环境、社会意识、文化特征、群体氛围等宏观因素，一起构成了交互的背景。在英国工业大革命时期的"名利场"中和在今天上海的外滩广场上进行交互，意义有所不同。

交互形式包括交互规则、交互方式等。由于交互主体的民族、文化、教育和家庭等背景的差异，交互的形式在共性的基础上，往往存在较大差异。如在交互礼仪中，东西方普遍认可握手礼仪，但在鞠躬、作揖、敬礼、拥抱、吻面等交互动作的理解和应用上有很大差别。交互也可能按照一定方式、风格进行，方式直接或间接，风格含蓄或豪放等。交互规则的解释权也往往是由对交互内容拥有较大主动权的一方所掌握，所谓"弱国无外交"就反映了这个道理。

交互形式与交互内容、交互中介等都是不可截然分开的，内容通过形式得以表现，形式当中包含一定内容。交互中介的创新也会直接影响到交互形式和内容，如智能手机相对于传统电话，就能传递实时音视频资料，生成的文字内容不仅与交互直接参与方有关，还可能被其他人分享，并在这个基础上产生新的交互。在特定交互场合，交互形式还可能大于交互内容，如时装秀、音乐会上的灯光、背景和造型等，选举秀中的亲民表演等。需要注意的是，只要交互方保持接触，交互就持续存在，但交互在形式上不一定总是和谐的，合作、调适是交互，竞争、冲突（如争吵、战争、诉讼等）也是一种交互。

在以上六个方面因素的共同作用下，形成了交互过程。对交互的参与主体而言，交互过程对各方都是一个历时性的博弈行为。这种博弈随着初次交互接触而开始，在时间流逝中已经发生的每一具体交互行为具有一次性特征，交互主体只能发挥自身能动性，基于自身的交互价值追求，在未来交互中对交互目标、交互内容等方面不断调整，进行博弈。交互过程对交互整个效果的达成是非常重要的，它包括交互频次、交互机制、信任程度等。其中，信任程度不断加深是交互过程持续的主要目的。

从共时性角度看，交互的七个方面形成了一个有机整体，主要指向与主体同时代的临近主体发生互动关系，在空间上以个体的运作地点为中心向远方辐射，在时间上，交互持续的间隔和长短成为交互关系强弱的重要标志。传统上，时空距离与交互关系呈现一种正相关关系，即距离越远、时间越短，社交密度也越稀疏、关系程度也越浅。

从历时性角度看，交互则包括当代人通过人化自然为中介与古代和未来的交互对话，"六经注我、我注六经"就是一种典型的跨时代的交互。同时，由于交互中介、交互内容的时代背景更迭，必然引起交互主体对交互意义、交互方式的重新认识，从而改变交互过程。从生产力决定生产关系的角度看，交互中介的创新是交互发展变化的主要因素，同时交互不断发展又反过来要求交互中介不断提高功能和效率。例如，在交互中介发展的历史上，古登堡发明的机械印刷大大提高了知识传播的效率，促进了包括交互在内的人类文明的发展。而网络作为交互中介，兼容了电话、电视和广播的部分功能，使得传统社交关系发生了质的改变：网络中介不仅扩大了个体的传统交互半径，增大了远距离空间的交互密度和频率，从而为整个社会带来"交互增量"，并进而影响到政治、经济和文化的各个方面。❶

据此，可以深入掌握交互的本质。

民族信息交互教育当中的交互不同于一般的交互，是属于前述所说的交互中的一种，在这里主要强调是特指价值观的交互。交互是人类特有的生存方式，人生不能没有交互、不能离开交互、人生处处有交互，这就意味着人的一生当中需要面临各种各样的交互，在多种多样的交互当中，有的交互是具体的、暂时的、阶段性的，有的交互是抽象的、长久的、观念

---

❶ 卢斌. 哲学视野下的网络社会交往 [D]. 中央党校博士论文, 2008: 118.

性的；有的交互可以促进个人的发展，是机遇，有的交互可能会阻碍个人的发展，是危机；有的交互一生只有一次，有的交互可能一生当中会遇到多次。人生旅途的所有交互并不是散乱的、杂乱无章的，而是一个庞杂的体系，笔者认为在这个交互的体系当中，价值观的交互是根本意义上的交互，一个人有什么样的价值观就会有相应的一切具体行为和思想，因此，交互什么样的价值观会直接影响其他的交互取向。民族信息交互教育，顾名思义就是教育者以价值观的交互为核心，围绕"交互什么""如何交互"，对受教育者进行的一种教育活动。在民族信息交互教育过程中，教育者以价值观的交互为核心，以培养受教育者的交互能力为主要任务，通过有效的教育途径，采取适宜的教育方法，帮助受教育者实现正确的价值观交互。

二、开放社会中的民族信息交互教育

根据第一章提及的对民族信息交互教育概念的探讨，主要是从一般意义上对其进行了内涵说明，已经得知，该概念在本研究中所界定的是一种教育活动，因此，这里将主要从该概念的教育思想、教育观念、教育主张、教育看法、教育认识、教育理性、教育信念、教育信条等方面来进行再系统的说明，换言之，再次说明一个问题："开放环境下的民族信息交互教育究竟是一种什么样的教育？"简单地说，它应该是一种以满足各族人民学生多元生存之需为教育理念的教育活动。注意，这里提及了一个关键词"教育理念"。目前，关于教育理念的界定众说纷纭莫衷一是。浙江师范大学教授眭依凡教授认为："教育理念是教育主体在教学实践及教育思维活动中形成的对'教育应然'的理性认识和主观要求。教育理念既可以是系统化的亦可以是非系统的、单一或彼此独立的理性概念或观念，取决于教育主体对'教育应然'即教育现实的了解和研究程度，以及他们指导教育实践的需要。"❶ 根据这个视角理解，民族信息交互教育当然也有自己的理念，其理念是民族信息交互教育主体在教育教学实践及教育思维活

---

❶ 眭依凡. 简论教育理念［J］. 江西教育科研，2000（8）：12.

动中形成的对其教育应然的理性认识和主观要求。其理念既可以是系统化的亦可以是非系统的、单一或彼此独立的理性概念或观念，取决于教育主体对教育应然即民族信息交互教育现实的了解和研究程度，以及他们指导其实践的需要。

对于民族信息交互教育的工作者而言，民族信息交互教育的理念，就是要树立表征这种交互教育的主体人格，即通过对这种交互教育人格的界定，确定这种教育的本质内涵，凸显民族信息交互教育的自身风格。民族信息交互教育理念的功能就是要回答民族信息交互教育的全部活动所涉及的三个基本问题：为什么？做什么？怎么做？这三个问题的答案共同解决了民族信息交互教育的终极问题：民族信息交互教育是什么？可以说，什么样的教育理念影响着什么样的行为，什么样的行为又决定着民族信息交互教育工作者选择并实现什么样的交互教育功能。民族信息交互教育作为民族教育与现代教育的重要组成部分，应该选择什么样的理念？本研究有如下一些考虑。从宏观上看，不论我们是否意识到，也不论是什么社会形态，生存都将是人类追求的主题。生存作为一种客观的实然，自人类产生时起就始终贯穿于社会发展进程之中，人类的一切活动都是围绕如何生存这个目标而开展。也就是说，人类活动产生的原始起点和动力是生存，而追求生存的完美促成了人类活动形式与内涵的不断扩展，进而形成人类独有的社会实践活动，并由此推动着人类文明的发展与完善。在蛮荒时代，人类祖先为免于被其他生灵所吞食，求得生存作为一切活动的目的与结果是可以理解的。但现今社会的发展变化，远非过去所能相比，生存已得到保证的人们在不断地发展自己，追求更高的理想与目标。社会的发展，使得我们不必像人类祖先那样为生存而苦苦求索，今日的物质文明已基本满足人生存的起码要求。但不可否认，生存的质量是随发展而变化的。换言之，无论社会发展的如何，人们所从事的各项活动包括物质文明和精神文明的活动，无一不是为人类的生活更加丰富和充实服务，无一不是为人生存质量的提高服务。抛开这一点，不是以人生存为目的的服务活动，包括直接的和间接的服务，还有什么价值和意义？可以说，人类社会实践活动所包含的生产实践、变革社会实践、科学实验，其最终的活动指向都是为了人类本身生存的更美好。如果追求生存是人类的主题，动物也为了生存，难道二者是相同的？仔细观察就能够发现，动物与人不一样的地方在于，动物获取生存的能力来源于本能，虽然也有研究表明他们仿佛也能够"教育"，但是它们的本能与"教育"却不能实现类的经验积累并传递。人没有动物的利爪锋牙，但是人却能够将类的经验积累并进行传递，这就是我们所谓的教育。从这个角度来说，人类的生存所依靠的是文化信息交互活动——教育。不仅如此，人类要继续生存下去，并不断优化生存质量，所能够依靠的依然是文化信息交互活动。当然，在这一过程中也会有文化信息的鉴别、选择、创新、积累，但是归根结底是通过交互来实现类的经验在一代人与下一代人、一群人与另外一群人之间传递的。在这个意义上看，教育是优化人的生存所必需的活动。对于作为群体的人来说如此，对于个体的人来说也如此，对于不同的民族与文化也如此。这一基本立场是本研究的立足点。这一立场也在研究进行中得到求证与巩固。在倡导"民族教育信息化"的今天，这一立场被本研究理解为是我们当前民族教育应该具有的本质归属。❶

具体来看，民族信息交互教育的核心理念所涉及的本质归属应该是通过这种教育形式，更好地促进各族人民进行价值观的交互。开放环境下的民族信息交互教育是以价值观的交互为核心，其目的是要通过教育使人们实现价值观的自觉交互并自觉确立正确的价值观作为自己思想、行为的指导。价值观实质上是人们对价值的根本看法和基本观点。价值观在整个人类社会的发展以及个人的生活中发挥着非常重要的作用。任何一个国家、个人都有其价值观，失去价值观的指导，国家将无法发展，社会将无法进步，个人将无法生活。因此，价值观教育是国家强盛、社会发展和个人成长的必然要求，它伴随着人类社会的产生而产生。可以说，价值观的教育由来已久，任何一种价值观的代表者都希望自己所主张的价值观被更多的人所认可和接受。人们的行为和思想离不开价值观的指引，他们不以这种价值观为指导就会以另一种价值观为指导。任何一种价值观的代表者和宣

---

❶ 赵兴民. 交融中的促新［D］. 西南师范大学博士学位论文，2007：82.

扬者的终极使命便是最大限度地宣传自己所持有的价值观并吸纳更多的人加入其队伍，其最高境界就是使其价值观被统治者认同并作为统治阶级的价值观进而成为社会主流价值观。根据人力社会发展进程，人类社会自进入奴隶社会起，就存在有价值观的交互，而且价值观的交互随着社会生产力的发展和人们认识世界和改造世界能力的不断提高而越来越重要了。

开放社会中的民族信息交互教育是应时代之呼唤而生，具有很强的针对性，富有强烈的时代感，是解决时代课题的金钥匙，是教育发展的必然趋势，是我国民族教育在新时代的重要内容，亦是个人全面发展的必由之路。开放社会中的民族信息交互教育是教育者以价值观多元化条件下的价值观交互为核心，围绕"交互什么"、"怎么交互"对受教育者进行的教育活动。其实质是教育者通过运用各种教育方式和教育手段，对受教育者的价值观交互进行教育和引导，帮助受教育者培养和提高价值观的交互能力，使受教育者自觉地交互正确的价值观。

第二节 开放社会中民族信息交互教育的本质

开放社会中的民族信息交互教育是以价值观的交互和确立为核心的，其理念都是围绕着价值观的交互和确立来进行的，目的就是要通过教育帮助受教育者提高价值观的交互能力，使其自觉主动地交互并确立正确的价值观作为自己实践活动的指导。其本质是内化和外化的统一、比较和建构的统一，是一种价值的判断、价值的交互、价值的建构，具体体现为学会交互和教会交互的统一、传统交互和现代交互的统一、知识交互和价值交互的统一、认知交互和行为交互的统一。

一、学会交互和教会交互的统一

人生过程将始终在各种各样的交互当中度过。交互的发生源于客观环境的变化和人的需求，不同的人生阶段处在不同的客观环境当中，那么人的主观需求也就会随着不同的客观环境而发生变化，为满足不同的需求当然会进行各种各样的交互。当人们面对的交互对象很多的时候，必然会产生迷茫、犹豫，究竟应该交互什么，因为交互的结果只能是在多个选项当中交互最科学、最合理、最适合的，交互本身是对未来、对没有发生的事情所做出的一种判断和指向，那么任何一种交互在其实现之前都不是现存的，它可能是机遇，也可能是危机；带来的变化可能是发展，也可能是倒退；可能对事物的发展起推动作用，也可能对事物的发展起阻碍作用。

青少年时期是一个人价值观、人生观确立的关键时期，如果在这个时期没有得到正确的引导，而是任其在各种各样的价值观念的思潮中游荡，就不可避免地会交互错误的价值观，对其整个人生造成很大的甚至是不可挽回的创伤，很多时候，青少年由于没有在关键时期做出正确的交互而走上了犯罪道路。现今社会人们可以通过不同的渠道很便捷地获取各种各样的信息，尤其是互联网和智能通信工具的飞速发展为信息的传递提供了广阔的交互平台，如果不对信息加以比较、判断、甄别、交互，人们不可避免地会被误导。当然，这并不意味着人们在信息的海洋中将不知何去何从，而是需要我们很清晰地意识到学会交互、如何学会做出正确的交互是多么的重要，学会交互对于人生的发展是多么关键。具体需要掌握交互的方法。对信息资源的鉴定是对信息资源进行交互的前提。信息资源的鉴定，是指对历史或现实中的各类与自身活动有关的要素进行甄别，初步分析出具有交互价值的信息资源来。信息资源的鉴定应该坚持客观的标准并采用科学的方法，要避免价值偏向影响鉴定的准确性。信息资源的交互，是在鉴定的基础之上依据需要而进行的，以此确定具有交互价值的信息资源。交互的时候要将各种信息资源进行分类，分类时要把握资源自身的内在逻辑结构，比如目前不少研究习惯性地将零散的资源信息按照语文、社会、历史、自然等进行划分，有的民族还可以根据自己的特点突出体育、音乐、艺术等类别的划分筛选。与此同时，分类还要尊重民族学生的学习特点和认知特点，实现分类与一定年龄阶段的学生身心发展的特点相符合。

开放社会为人们的交互提供了客观条件，也使得人们的交互意识明显增强，人们需要交互、人们必须交互，所以人们有学会交互的迫切需求，人们需要学会在面临交互的时候如何交互、依据什么标准进行交互、交互哪个舍弃哪个，即如何对选项进行比较、判断、甄别。正确交互的能力是需要通过教育来培养和提高的，教育是培养人的社会活动，其目的是要使人从一个生理上的人转化为一个社会人，满足人在社会化过程中的需要，因此，教会交互成为开放环境下民族信息交互教育的重要使命。开放社会中的民族信息交互教育正是从这一点出发，解决各族人民在这样一个交互已经成为生活必需的开放社会中价值观交互的问题。经济、科技、信息网络的全球化、一体化、迅猛化势不可当，多元文化和多元意识形态之间的差异、冲突和相互激荡已成为趋势，人们的价值观念更加多元，人们面临着一个多元、复杂的世界，这也决定了人们的价值交互更加自由。如果消极适应，教育的价值将会丧失，教育将无意义可言，同时，个人的价值亦无法实现，人们将陷入盲从和困惑。所以，只有积极应对，自觉、主动地运用新的教育模式对人们的价值观交互能力进行培养。帮助和培养人们提高交互能力，引导人们认可、交互并确立正确的价值观，教会人们正确交互就成为开放社会中民族信息交互教育的主要任务。当然，在教会人们掌握交互能力的同时，还要帮助人们确立正确的交互和评判事物的标准，否则教会交互将流于形式，也就无法从根本上解决人们的现实问题。同时，开放环境对教育的要求也是前所未有的，一方面，在开放的社会中，教育者必须尽可能全面地传授给受教者所需要的知识和技能，以满足开放社会对人的要求；另一方面，教育者还应当提供给受教育者鉴别、交互各种信息的科学标准，并使他们能在瞬息万变的开放环境下明辨正确的方向，保证自我交互的正确性。

在如此开放的社会中，人们表达自己交互的愿望日趋强烈；他们越来越希望通过自主交互实现人生价值；他们越来越主张自主交互并自愿地承担自己的交互结果；他们日趋迫切地要求学会交互。面对这样的情况，民族教育也必须适应新的形势不断改革和发展，即围绕价值观的交互和确立，引导人们认可、交互并确立正确的价值观作为其思想和行为的指导，启迪人们的交互意识，培养并提高人们的交互能力，教会人们正确交互。学会交互和教会交互的统一是当今开放社会中社会的客观条件和人们的主

观需求相统一的内在要求，也是开放社会中的民族信息交互教育的真正出发点。❶

二、知识交互和价值交互的统一

《基于知识和交互式学习的区域创新系统研究》这本书指出，"在知识学习中，创新主要被理解为一个交互式的学习过程，具有社会和地域上的根植性，并且融入文化和制度环境之中。"❷ 这个观点其实同时指出了两个层面的问题，即知识交互和价值交互的问题。表面上看，似乎是进行知识交互，本质上，其实是通过知识交互促使创新的产生，这个时候所产生的创新就是一种价值交互。

关于知识交互，"是指知识工作者之间信息和知识传递、交换、共享、创新过程，是组织一直追求的知识管理措施。"❸ 在知识经济时代中，知识已经成为经济增长、社会发展和个人发展的关键性资源和发展的根本动力。而这种动力的产生离不开知识交互。通过知识发展与社会发展进程得知，以知识为主导与载体推动社会发展、个人发展的知识经济社会的繁荣并不直接取决于资本、资源、硬件技术的数量、规模和增量，而是直接依赖于知识或有效信息的积累和交互使用。知识每天在为我们创造大量的财富与价值，在经济增长与个体发展中具有举足轻重的作用，是人类最重要的资源。但是，在信息大爆炸的今天，我们如何通过收集到的数据得出信息，如何从海量的信息中提取有用的信息并转化为知识，再利用知识获得最大的利润或效益，是个很复杂的过程。为此，很多组织、个人会陷入知识缺乏的窘境：社会组织以及组织中的个人在不断发展，但好的经验却没有得到沉淀，结果面临同样的问题找不到解决的办法；曾经遇到一份很有价值的资料，可在需要的时候却总找不到；面临汪洋大海般的信息库，不知道如何查找自己需要的资料……有效解决上述问题的过程，就是对"知识"进行系统管理并交互的过程。

---

❶ 王晓菲. 开放环境下的选择教育［M］. 北京：人民出版社，2014：48－49.
❷ 薛捷. 基于知识和交互式学习的区域创新系统研究［M］. 北京：人民出版社，2009.
❸ 马静，李徽. 个人知识交互的内导因素［J］. 情报理论与实践，2005（5）：462－464.

实施知识管理并对其进行交互已经是当今组织与个人发展的一种趋势，这也是人类发展进程所证明了的硬道理。但是殊不知，真正的知识交互也许更在于是隐性知识的交互。根据迈克尔·波兰尼对显性知识（Explicit Knowledge）与隐性知识（Tacit Knowledge）的知识形态分类，很多组织与个人对知识的交互大多还是通过技术手段来交互显性知识。❶ 然而在整个知识体系中，隐性知识才是冰山下的大部分，在隐性知识与显性知识相互转化过程中，不断产生新知识。组织实施知识管理的目的，就是要开发必要的环境与条件来推动知识的交互过程，不断创造并传播新知识。显性知识由于其易表达、可编码特征，因此很容易在个人间交互和共享。而通过认识获得的隐性知识无法用言语、文字详尽、准确地表达出来，它的这种高度个人化和难以沟通的特征使其无法通过简单交互的方式进行转移与传递，因而对隐性知识的交互有一定的难度。在当今开放化与信息化环境下，假如组织与个人能够对隐性知识能有更好的管理方式，使其能更快的转化为显性知识，那么知识交互的成效将是难以估计的。问题在于，组织也好，个人也罢，如何才能更好地管理隐性知识并进行交互呢？隐性知识本身是无形的，无法对其进行直接的管理与交互，只有使其转化为显性知识才能对其进行以技术为手段的系统管理。知识与一般资产不同，它没有一般产品报酬收益递减的现象，在组织内的员工越是积极地分享知识，进行知识交互，就越能发挥知识的价值，促进知识工作者的知识创新。

当人们在显性知识与隐性知识之间可以自如进行切换的时候，知识交互就已经提升到价值交互的层面了。易言之，一旦知识作为交互的对象被接受即被内化就必然会以价值观、人生观、世界观的形式对人的再次交互产生影响，但是这种内化是不容易被人们直接看到的，我们看到的是人的主观能动性，殊不知，这种主观能动性是通过学习接受各种知识信息之后生成一种观念作为交互的客体内化的外在表现。此时，这种内化一经形成便对交互的主体——人产生影响，而这种影响是无法通过外在强制力来改

---

❶ Polanyi M. The Tacit Dimensions［M］. New York：Doubleday Anchor, 1966.

变的。因此，价值观念是看不到、摸不着的，它存在于主体之内，无法从外部剥夺，一经形成便非常牢固，除非作为主体的人自愿将其发挥和展现出来。同时，要想改变已经形成的价值观念也是非常困难的，只有经过实践的证明和正确理论的引导，让主体自觉认识到原有观念的错误，并接受正确的价值观念，自愿将原来的价值观念打破，重新构建新的价值体系，这是一个长期而艰难过程。因此，主体内在原有观念的改变只有通过主体的自觉性才能最终实现，不能强制通过外力来进行，外力能够做的就是对主体的人进行正确的科学知识引导，通过实践环节来证明科学知识的正确性，让主体真正从主观上认识到掌握正确的科学价值观念的重要性和必要性，调动主体内在的动力，自觉主动地改变原有观念。

由于人们所处的社会环境非常复杂，人的主观意识受到各种因素的影响，人们的生活阅历和受教育程度直接影响人们的思维水平和主观能动性的发挥。人们在价值观交互过程当中，这种影响也是不可避免的，其主观能动性的发挥主要来源于人们之前已经获得的生活经验和已经掌握的知识技能。可以这样理解，人们的知识交互会影响人们的价值交互，知识交互为价值交互提供智力支持。人们获得知识的目的是实现思维水平的提高和对某些具体技能的掌握，这些都会使人变得聪明、有智慧，自然会影响人们在认识事物过程中主观能动性的发挥，当然也会影响人们的价值交互。因为人们获得知识是为了实现知识对人生的服务，而不是为学习知识而学习知识，相反，人们获得知识是为了使自己变得智慧，是为了最终实现人生的意义和价值。如果人成为知识的奴隶，而不是知识的主人，那么人们获得知识就变得毫无意义。可见，知识交互是为价值交互服务。

开放社会中的民族信息交互教育，其目的是要实现人们对正确价值观的自觉交互与确立，从而实现正确价值观对人们思想和行为的指导作用。因此，价值观一经确立就将指导人们的思想和行动，对人们生活的影响是全方位的。人之所以不同于动物，就是因为人是一个精神的存在、价值的存在、道德的存在、文化的存在。引导一个人交互和确立正确的价值观，是他获得幸福的基础，价值观确立之后会直接影响人们的知识交互（包括直接经验和间接经验），从而影响人的发展。可见，知识交互和价值交互是统一的，知识交互为价值交互提供智力支持；为价值观交互服务；价值交互为知识交互指明方向，保驾护航。因此，开放环境下的民族信息交互教育本身包含有知识交互和价值交互统一的内在特质。

三、认知交互和行为交互的统一

实际上，不管是什么交互，首先都源于交互主体的认知，并且把认知转为行为。有研究指出："个人是乐于和组织以外的具有相近知识的人交流自己的技术思路、创新意想、思想……仿佛他们没有了心理戒备，没有把对方视为自己的竞争对手，在交流中得到共识是他们的最大心理需要。"❶ 这说明，知识交互的认知与行为都受到一定因素的影响。据此，在交互中，当人产生了最大心理需要之后，便会通过自己的心理需要释放出一种价值观，价值观的交互是人的认知交互的一个部分，价值观的交互和确立并不是人们交互价值观的目的，其真正的目的是要指导人们的实践活动，也就是指导人们的行为交互，把内化了的价值观外化。这一外化的环节有两方面的重要意义，首先，我们可以通过外化即实践的环境检验知识信息的科学性与正确性，也可以检验我们对正确知识信息的理解，在实践活动中，人们可以通过具体的交互活动来检验和证实之前所交互的价值观是否科学，也可以通过实践活动这一环节考察我们对价值观的理解是否正确，如果还存在理解的偏差或不完全，则可以及时调整，使我们能够更快更好地掌握和运用正确的价值观。其次，通过价值观的外化，经过实践的检验可以增强正确价值观的说服力，让事实的力量来说服人们。价值观外化所形成的实践结果是具有客观必然性的，是不以人的主观意志为转移的，同时，它也必然能够成为人们进行下一次实践活动的依据。如果实践检验之前的价值观念是正确的科学的，那么这种依据会再一次内化为人们的观念，当然此时的观念是对上一次内化的加强和提高，人们会将其再外化继续指导再一次的实践活动；如果相反，则会帮助人们认识到之前价值观念的不合理之处，使人们进行再一次的价值交互，最终交互正确的价值

---

❶ 袁玲，马静. 基于博客的知识交互方式及实证分析 [J]. 现代管理科学, 2006 (1)：56.

观。可见，正确的知识信息在与实践相结合的过程当中，可以转化为实践，在转化为实践之后通过人们的再内化还可以指导再一次的实践，只有掌握了科学的知识信息并将其正确地运用到实践活动当中，我们才可能成功。

从认知交互到行为交互，我们不难看出，认知交互是价值观的内化，行为交互是价值观内化之后的外化，是认知交互的结果和目的。在这个内化与外化的过程中，还包含另一层内容，即外化之后，通过实践环节的检验，人们对实践的总结和提炼会形成新的知识信息的总结，而这些新的知识信息总结来源于实践，必然会对再一次的实践活动产生影响，而之所以能够产生影响则是这些新的知识信息总结被人们再一次内化形成了新的观念，那么新观念的形成必然会再一次外化为实践活动，这是知识信息本身的要求，也是人们实践的需求。当然，在实践过程中人们还不断地进行着比较和建构，通过实践比较寻求正确的价值观，通过实践建构新的正确的科学的价值观，人们就是在这种"内化—外化—再内化—再外化"的循环往复的过程中，不断探求和巩固正确的价值观，不断比较和建构正确的价值观。认知交互指导行为交互，行为交互检验和丰富认知交互，二者是统一的（二者的关系参见图2）。

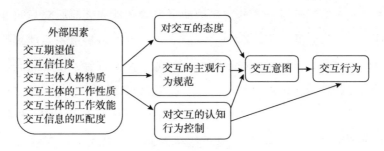

图2　认知交互与行为交互的关系

四、传统交互和现代交互的统一

学会交互与教会交互、信息交互和价值交互、认知交互和行为交互，其实都逃脱不了传统交互和现代交互的范畴。学会交互与教会交互、信息交互和价值交互、认知交互和行为交互需要遵循从简单到繁难，需要遵循从低到高的次序。这里就蕴含了传统交互与现代交互的概念了。当人们的知识信息交互处于简单交互阶段与较低交互阶段的时候，其实就是一种传统交互范畴。当人们的交互处于复杂阶段与较高级阶段的时候，就是一种现代交互范畴。具体来看，判断交互是处于传统阶段还是现代交互阶段，主要的指标应该是围绕以下一些交互要素来认识：交互主体、交互中介、交互内容、交互过程、交互意义、交互形式、交互背景。

传统交互与现代交互的区分与联系就可以从这几方面得出认识。结合本研究的主题，民族信息交互教育来讲，现代交互主要是居于当今信息时代与开放化社会这个现代背景来讲的。由此，现代交互可以简称为网络化交互，是指以知识经济为时代背景，以网络为中介发生的社会交互。狭义的网络化交互是指发生在网络空间的社会交互，包括个体与个体、个体与组织和组织与组织之间通过网络展开的社会交互；广义的网络化交互不仅包括前述定义，还包括传统社会交互受到网络中介影响之后发生变化的部分。这里的网络，是指由国际互联网和移动互联网的结合，更准确地说，是指手机能够上网并大规模普及之后的综合性智能网络。狭义上，网络仅指作为社会交互中介的工具性存在，它是由主体生产出来的、用于跨时空的信息传输并主要用于族际交互与社会交互的一种软硬件集成系统。广义上，社会研究和日常交互都有将网络和网络交互在概念上合并使用的现象。原因在于，一方面，网络诞生源于信息交互，并且主要应用于多人之间的各类交互；网络本身技术的进化十分快速，30 年间经历单机链接、局域网、全球互联网到移动互联网的进程，这使应用者的感觉集中在网络技术形态而非就是网络应用。另一方面，网络本身并不必然产生社会交互，它可以仅用于机器设备间的数据传递而不是促进社会交互，是主体对社会交互的发展需求促生了网络，网络的诸多特性又反过来促进了社会交互的发展。没有主体交互活动的主动参与，网络不过是一堆按照信息传递的内在逻辑建立起来的无机物的有序组合。

需要进一步指出的是，现代交互在概念意义与现代网络产生之前的传统交互并不是严格的对称关系，亦即网络交互与传统交互之间的界限不是清晰不变的，而是既有区分，又有联系，并且在不断变化之中。这主要是三方面原因造成的，第一，社会交互活动从事交互活动的主体在物理意义上是不变的；第二，交互活动都是受到同样的现实社会中的交互内容的制约；第三，网络作为交互中介，在功能上叠加了以前的电子交互中介如电话、广播和电视等手段。通过下表可以基本看清传统交互和现代的联系与区别。在这个意义上讲，开放社会中民族信息交互教育的本质理所应当包括传统交互与现代交互的本质属性。传统交互与现代交互的具体比较参见表1。

表1 传统交互与现代交互的比较

交互要素	传统交互	现代交互
交互主体	缺少网络技术能力的群体或个人，往往表现为年龄偏大；文化知识层次较低；居住于偏远不发达地区	拥有网络技能和适应全球交互发展的全体，多为年轻化、知识化、城市化，多在较发达地区
交互中介	语言、货币（商品）、交通、媒介。（其应用都将延续到网络交互中。）媒介：传统印刷品、电视、电话、广播的功能被网络兼容	货币相异部分：网络货币、电子货币、信用卡；媒介差异：交互型网络（应用终端、链接线路和路由器、服务器等）
交互内容	物质产品，精神产品，两性交互	相同的延续部分；前述三者的符号化；服务
交互形式	注重程序化、仪式化、规范化	方式更加简单、直接、自由
交互过程	持续时间长，强链接	长短不一、节奏快，多为弱链接过程
交互意义	家庭、工作和学习为核心，以社会资本的扩展为目标	以兴趣、利益、认同感为核心，包括社会资本的积累
交互背景	农业社会、工业文明	信息技术、知识经济、全球化

第三节 开放社会中民族信息交互教育的特征

一、交互的主体性

开放社会中的民族信息交互教育其最终的目的是要实现人的自由而全面的发展，在这个过程中人们主体性的充分展示是非常重要的，因此，交互主体性也必然成为开放环境下民族信息交互教育最显著最重要的特征。交互主体性作为主体性的一种再生形态，它是随着社会历史的发展而不断变化的。主体性是人类在实践活动中基于主客关系体现出来的自主性、目的性和能动性，注重人对外在世界的改造。交互主体性是人们在交往活动中基于主体间关系体现出来的主体性。交互主体性是指人们在交往活动过程中，主体之间所表现出来的相互影响、相互作用的规定性。对于开放环境下民族信息交互教育的主体性特征进行理解，应该围绕交互主体性的内涵是在主体间的互动关系的基础上进行。人们在形成交互主体性关系的过程中，必然表现出了互动性、差异性、共通性等特征。

互动性是民族信息交互教育中交互主体性的第一层特征。互动性就是在教育者与受教育者这两个主体间关系形成的过程中，主体之间在双向交流沟通的活动中显现出来的互为主体、互为客体的交往角色不断变化的特征，即教育者这个主体为了达到对受教育者主体的认识理解，就必须把受教育者当作客体；同时，教育者这个主体为争得受教育者的支持认可，又必须把自己设定在客体的位置上。在互动过程中，主体间关系中的双方，既是主动的，又是被动的；既是能动的，又是受动的，这样的主体才是一种真正的主体。一味地把他人当作无意识的客体对待，就会陷入唯我论。巴赫金认为"存在就意味着进行对话的交际"，我不仅是"自己眼中的自我"，同时也是"他人眼中之我"。交互主体在双向互动的角色转移中确证了人的主体间性的存在。互动性也就意味着知识信息交互活动中多极主体的存在，主体间在交互活动中通过相互合作、协商和理解，来达到共同的行为目标。同时，多极主体参与到交互实践中，在彼此差异，又相互关联的结构中，形成了民族信息交互教育主体的互动性关系。

差异性是民族信息交互教育中交互主体性的第二层特征。它是交互双方在互动过程中表现出来的差别个性。交互主体除了注重对话沟通协调，而且更重要的是强调主体间的差异。这是在交互教育中交互主体性不能忽视的一个特征。没有差异对立也就没有交互的必要，它是交互主体性存在的可能性之一。世界上没有完全相同的两片树叶，人与人之间存在着不同程度的差异。交互主体所达成的共识也始终包含着个性差异，这是人的特殊性所在。和而不同就是在差异基础上的共识。正因为差异人们才有交互的必要，尤其是民族教育中的差异交互，没有差异就没有各族人民的团结合作以及竞争。共识就是在差异中相互协调合作，尊重差异，正视个性。抹煞人差异的交互沟通不是民族信息教育中交互主体性的本意，是对交互主体性的扭曲。

共通性是民族信息交互教育中交互主体性的第三层特征。共通性就是交互主体间的可理解性。共通性的可能首先是交互主体之间有着共同的现实基础。人们交互发生的世界不是一个人的世界，是一个与其他交互主体所共享的世界。这样交互主体性才有发生的可能。如果没有共同的经验视野，谈论交互主体性是不可能的。这也就是现象学社会学创始人许茨，在他从奥地利到美国后写的第一部学术论文集《社会实在问题》（该书具体阐述了在采取韦伯意义上的"社会行动"过程中，个体的主观意义的产生和形成机制，对主体间际理解和沟通进行了系统深刻的学术探讨和说明）这本书里所说的："我和他人，都通过一种生动的现在经验这个不断发展的沟通过程"。❶ 主体之间共同分享的经验感受，使主体相互间的理解成为可能，也使人们之间的交流达到一定意义的共鸣。共通性不仅包括交互主体性实现的物质基础，还包括文化的基础。它侧重于语言的共享性和可理解性。语言作为交互活动中不可或缺的媒介，它更侧重对民族信息交互教育主体间的交流起支柱作用。而交互活动就是通过语言符号的中介而进行的活动，从人类社会通过交互发展这个角度上说，这个时候语言就成了"组织社会的最大工具，公共纽带"。❷ 我们彼此在这种共通性中去实现沟通理解。

可见，在民族信息交互教育中，教育者的主体性和受教育者的主体性充分体现了民族信息交互教育的双方主体性特征。在教育过程中，开放环境下的民族信息交互教育必须坚持以受教育者的发展为根本，充分尊重受教育者的主体性，这不仅是民族信息交互教育的特征，还是其宗旨。

---

❶ ［奥地利］许茨. 社会实在问题［M］. 霍桂桓译，杭州：浙江大学出版社，2011：296.
❷ ［英］洛克. 人类理解论（下册）［M］. 杨慧林，金莉译. 北京：中国人民大学出版社，2012：383.

XDJYYJCS
现代教育研究丛书

二、交互的比较性

比较是指辨别事物的相同属性异同或高低。同类或不同类事物的相同属性之间可以进行比较，同一事物的同一属性在不同时刻也能比较。人们在做出任何交互之前首先要对交互的对象进行比较和权衡。在开放社会中的民族信息交互教育过程中，比较是非常重要的一个环节，比较性特征是开放社会中民族信息交互教育的又一特征。马克思主义的认识论认为，对象性关系的确立是人的对象性活动前提。但是在人的对象性活动中，这种对象性关系的确立是以主体即人的需求为出发点的。也就是说，对象性活动的客体并不是自觉地成为主体活动的对象的，在具体的交互活动中什么成为客体是由主体决定的。实质上，这种主体对客体的决定本身就是一个交互的过程，是一个取舍的过程。那么如何实现这种取舍？当然要通过比较才能作决定。在民族信息交互教育中，其比较性特征主要体现在以下两个方面。

交互对象的比较性。开放社会中的民族信息交互教育是以价值观的交互为核心的，在开放社会中，社会的价值观领域呈现多元化的趋势，价值观的多元为各族人民价值观的交互提供了比较的空间和比较的必然。各族人民要进行价值观的交互，必然要对多元价值观进行比较。因此，民族信息交互教育必须通过教育，给各族人民，尤其是青年一代指明价值观比较的标准，培养他们价值观比较与交互的能力，完成人们对价值观的比较，从而实现人们对价值观的交互。

交互主体具有比较能力与权利。在传统教育理念中，受教育者的主体地位常常被忽视，他们没有条件去进行自觉、自主的比较和交互，也就是说，他们没有自主比较的能力和权利。传统教育理论只看到了教育者在"教"的过程当中的主导作用，而忽视了受教育者是"学"这一过程的主体，没有认识到教育的目的是要通过受教者的"学"才能实现。随着改革开放的进一步深入，尤其是社会主义市场经济体制的确立和发展，市场经济自由竞争的内在要求需要参与经济行为的主体有充分的自主性。全国各族人民的主体意识逐步觉醒，主体地位进一步得到确立。人们在实践活动当中主体意识的觉醒和主体地位的确立，是人们能动性和创造性观念的体现。例如，在人与自然、人与社会的关系当中，人们已经深刻地意识到自己是认识和改造世界的实践活动的主体；在人与人的关系中，人们越来越强调自我的尊严、权利的实现等，同时人们也意识到自我价值的实现是需要以自我交互的实现为前提和基础的。无论是从客观要求还是从主观需要的角度来看，人们作为交互的主体，不仅应当具有比较的权利，同时也必须具备比较的能力。开放社会为人们的自主比较提供了客观条件，同时也使人们具备了自主比较的主观条件。

从上述两方面看，可以说，开放社会中价值观的交互主体已经具备了实现自主比较的可能。作为开放社会中的民族信息交互教育，必然要体现交互主体的这种比较能力与权利。

三、交互的多样性

开放社会中民族信息交互教育的多样性特征应该从以下几方面认识。

信息资源的开放性。这是指一个文化信息或者族类系统与其外部环境保持着积极的相互联系与作用。从本质上看，人类的认识能力、创造能力是无限的，因而信息资源的开放性也是无限的。只要人类存在一天，人类的创造就不会停止，作为劳动成果的文明，包括物质文明和精神文明便会不断地沉淀、积累，并且反过来帮助人们更好地认识世界、指导实践。信息以及文化文明的发展速度，正随着社会经济发展水平与文化水准的提高、文化交流的扩大而日益加快。整个人类文化文明的信息资源是开放的，各个国家、各个民族、各个地区的文化文明的信息资源也是开放的。这种开放性，不仅表现在人与物质世界所进行的信息交互中，而且表现在一种文明与另一种文明所进行的信息交互中。交互性是任何文化文明的信息资源都具有的功能和特性。尽管在历史上也出现过由于种种原因缺少交互而造成信息文明窒息的现象，但总的来说，信息资源的交互是不可阻遏的，而且交互的范围越来越广，速度也越来越快。❶

---

❶ 徐利剑. 各国文明的多样性与交互性［J］. 协商论坛，2005（7）：40.

环境的开放性。当代社会是信息化、开放性的社会，信息化已经成为时代的新特征。在开放的环境下，信息的交流日趋频繁，信息的交锋日趋激烈，信息的交融日趋紧密，人们获取信息的渠道日趋增多，我们所生活的社会发生着日新月异的变化。全球化的进程改变着我们生活的环境，每一秒钟都会有一个新的信息进入我们的视野，电讯与计算机系统合而一，可以在几秒钟内将信息传递到全世界的任何地方，在如此开放的环境中，价值观的交流和冲突是必然的，价值观的多样和多元也是客观存在的。在开放环境中，价值观的多样和多元激荡着人们的思想意识领域，这恰恰说明在开放环境下价值观交互的重要意义，民族信息交互教育在这样一个开放的环境下也成了必需。教育本身是培养人的社会活动，培养满足社会需求的人、培养推动社会发展的人，因此，民族信息交互教育正是为满足人们在多样和多元的价值观存在的客观条件下进行价值观交互的需求而产生。环境的开放性和多样性决定了价值观的多样和多元，以价值观的交互和确立为核心的开放社会中的民族信息交互教育必须依据这样的客观存在开展教育活动，帮助受教育者比较、分析各种价值观，认识各种价值观的本质，交互并建构正确科学的价值观，最终将其与实践活动相结合发挥价值观的正确指导作用。

人们思想活动的多样性。改革开放和社会主义现代化建设的进一步深入，为人们精神生活的提高提供了更加有利的条件，也开辟了更加广阔的空间。人们在享受丰富的物质资料的同时，精神生活也日趋丰富多彩，人们的主体意识增强，自我意识凸显，人们的交互能力和交互意识也空前提高，人们越来越乐于探索，乐于接受新生事物，在社会生活当中都希望自己能够最大限度地彰显个性，发挥自己的能力，实现自身价值。但是，在各种价值观相互激荡的开放环境中，人们思想活动呈现出独立性、交互性、多变性、差异性的新特点，同时人们受到各种思想文化的影响明显增多，人们的思想状态也表现出多样性和复杂性。民族信息交互教育的教育对象已经不同于以往，受教育者的思想状况呈现多样性，这种多样性还表现在受教育者创新意识的不断增强。创新本身就是打破旧的构建新的，受教育者创新意识的增强就表明，他们不会再墨守成规，对外来事物不会全盘接受，他们有自己的判断，对相同的事物有着各自不同的理解。受教育者思想状况的多样性，也要求开放社会中的民族信息交互教育必须采取适合受教者个体情况的教育途径与教育方法，不能简单地说教，否则事倍功半。

开放社会中民族信息交互教育的客观环境的开放性导致了价值观领域的多样与多元，人们思想活动的新特点使得受教育者的思想状况呈现多样性，这也就决定了民族信息交互教育本身的教育理念和教育过程也必然体现多样性，否则，违背了客观环境和人们的思想状况，将导致教育同实际脱轨，民族信息交互教育不仅达不到教育的目的，甚至会遭到误解而流于形式。依据这样的客观实际，开放社会中的民族信息交互教育应采用比较教育、多向互动、实践检验、经验总结、相互竞争、模拟交互的方法，树立开放的教育观念，建构开放的教育体系，创设开放的教育环境，教会人们掌握价值观交互的具体方法，使受教育者自觉主动地交互、建构、践行正确的价值观。多样性渗透在民族信息交互教育的整个教育过程和教育环节中，这也是开放社会中民族信息交互教育的特征之一。

四、交互的偏向性

任何一种交互、交流与交往都应该有其特定的倾向性或偏向性。倾向意味着一种选择性与取舍性。这一点可以从"文化适应理论"进行说明（acculturation）。该理论的研究者与提出者是约翰·贝利（John W. Berry），是前国际跨文化心理学会主席，加拿大著名学府女王大学心理学系终身荣誉教授，国际知名的跨文化心理学家。主要研究方向是跨文化心理学基础理论与研究方法、跨文化接触与心理适应、移民与土著青少年认同心理、种族关系调适、跨文化家庭观、本土心理学、文化与认知等。文化适应理论涉及全球化的核心问题，文化适应过程和结果、分析文化适应的态度和去向、厘清文化适应群体、提出引人深思等问题，以及关注群体和个人在文化交往和变迁中如何自我定位；如何对应这一过程；人们的跨文化策略；如何改变个人的经历和承受压力已获得最终的适应。该理论认为，文化适应的过程实际上对发生相互接触的这两个不同文化都会产生影响，只不过主流文化影响小而已。因此该理论的双维度模型将文化适应研究推到一个更加全面、细致深入的阶段。两个维度的考量：保持传统文化和身份的倾向性；和其他民族文化群体交流的倾向性。❶另外，加拿大哲学家、教育学家、文学批评家、传播学家，传播学媒介环境学派一代宗师马歇尔·麦克卢汉（Marshall McLuhan，1911~1980），他被誉为20世纪的"先知"、"圣人"，以"地球村"和"媒介即讯息"等论断名震全球。在"互联网"一词尚未出现时，他已经预言了互联网的诞生。在其经典著作《传播的偏向》与《理解媒介：论人的延伸》两本书中，核心思想都涉及信息传播与人类文明交互中的偏向性问题，偏向性其实就是倾向性。❷具体来看偏向，本义是指"是对待事物的不正确或不公正的态度或倾向。"❸然而本研究认为，不同民族的信息文化在被认知与交互过程中，对于本民族信息文化的心理定式与自卫心态是必然存在的，从而表现出对本民族信息文化的偏袒，或对其他民族信息文化的不正确理解等倾向。由此可见，对于"信息偏向性"与"文化偏向性"的存在就是不可避免。从信息交互的具体过程来看，其他民族信息的交流和渗透是相伴而生的，而这种"偏向性"则是信息文化交流的必然性，有其积极的一面，否则信息文化就难免出现同化与同质性，就不容易产生多样性与丰富性。

开放社会中民族信息交互教育的偏向性特征，主要是指在交互活动中，人们无论做出何种交互，都包含有一种内在的偏向性。交互的同时，也就是对未被交互对象的一种否定，可见，交互本身就是包含内在偏向性的一种取舍。当然，由于人们各自的思维水平、受教育程度与生活环境的不同，人们在长期的实践中所积累的经验也是不同的，这就使得人们在面对相同交互时的内在偏向有着个体的差异。这种偏向的不同与差异，主要

---

❶ 百科词汇. 文化适应理论 [EB/OL]. http：//baike. haosou. com/doc/319547 - 338344. html.

❷ [加拿大] 哈罗德·伊尼斯. 传播的偏向 [M]. 何道宽译，北京：中国人民大学出版社，2003.

❸ 张鹤. "文化偏向性"对当代设计艺术的影响及启示 [J]. 大众文艺，2014（18）：53.

是由于各自价值观的不同而产生的，民族信息交互教育以价值观的交互为核心，具有偏向性的特征。具体体现如下。

交互具有偏向性。既然是交互，必然就会存在两个以上可供交互的对象，交互的主体要完成交互，就必然会从交互对象中选择最适合的能满足自己需要的选项。可见，交互的实现必然是通过主体的取舍来完成的，这种取舍的过程本身就体现了主体的一种偏向性。可以说，交互活动本身就具有潜在的偏向性，交互活动的过程正是主体偏向性的体现。如果缺乏了偏向性，交互将不能称之为交互。

交互主体具有偏向性。交互主体是有思想、有意识、有主观能动性的人。在交互的过程当中，交互主体为了实现其自主交互，会依据客观规律和自身的需要相统一的原则，按照已有的价值观念，充分发挥其主观能动性。个体的发展是在不断的社会化的过程中实现的，不同的人具有不同的经验和知识，这就决定了个体之间存在不同的偏向性。因而，不同的人即使面临相同客观现实下的交互，也会得出不同的甚至相反的交互结果，可见，交互主体的价值倾向会对交互的结果产生直接影响。当然，如果主体缺乏这种偏向性，任何交互都将无法实现。

根据民族信息交互教育所具有的偏向性特征，在民族信息交互教育过程中，教育者应对受教育者进行引导，帮助他们交互并确立正确的价值观，培养正确的价值偏向，保证个人自由全面健康的发展。

五、交互的建构性

交互，简言之就是交往，"任何交往都是交往各方抱着一定的目的，借助于一定的交往手段和媒介，通过一定的活动方式，达到一定的交往结果的过程。"❶当交互或交往有了目的性、指向性、预期性，这种交互就具备了一种建构性特征。因为交互的主体为了达到这种目的性、指向性、预期性，就会主动建构其知识、人格、社会性素质等这些吻合交互的有效条件。教育中的交往同一般的交互相比，有着自己的特殊性。教育活

---

❶ 王丽春. 多主体系统交往的建构效应 [J]. 江西教育学院学报（社会科学），2002 (5)：37.

动中的交互主要是知识交互与价值观交互，对价值观的交互并不同于对纯自然的客观存在的交互，每一个人生活环境、生活经历、家庭影响的不同使得他们对同一事物的理解也不同，也就是说，在民族信息交互教育当中，教育者面对的受教育者的思维水平是不相同的甚至是差别很大的，然而，价值观的交互是以观念形式的价值观为交互客体，观念的接受不能依靠外在的强制力，只有受教育者自觉地去认可和接受才能最终实现，即受教育者所持的价值观并不一定与我们所倡导的价值观一致，受教育者对价值观的理解能力并不一定是我们所希望的那样，那么价值观的现状（实然状态）与我们所希望的状态（应然状态）并不同一。因此，民族信息交互教育所要解决的问题就是如何使价值观的实然状态转变为应然状态，也就是教育者如何帮助受教育者积极主动地进行价值观建构的问题。正如美国教育家杜威提出的，在教育活动中要非常重视人际交互的教育价值问题。"参与交往和沟通的个体能分享别人的所想、所感、所思，从而不断扩大自身的经验，甚或因此或多或少地改变或形成着自己的态度及价值观。"❶ 在开放环境下，人们自由自在地接受着各种价值观念所带来的信息，人们之间的思想差异也明显增强，对于同一问题的看法也日趋迥异，人们价值观念交互空间的增大和交互自由度的增强，决定了价值观在民族信息交互教育过程中的建构性日益明显和重要，因此，建构性也成为开放环境下民族信息交互教育的特征之一。主要体现在以下两个过程当中。

价值观的交互需要建构。在价值观的交互过程中，交互的主体是人，交互的客体是价值观，我们知道价值观是以一种观念形式成为人们交互的对象，它不同于纯粹的客观存在物，其本身就具有主客两重性即内容是客观的来自于实践的总结和提炼，表现形式是主观的。因此，观念的交互对象要想被交互主体所交互不是简单的"拿来"，而是要经过主体主观的认可和接受，也就是把外在的观念内化成为主体内在的、自己的，纳入自己的意识形态和观念体系。当然，这并不是最终目的，主体掌握一定的理论

---

❶ 王丽春. 多主体系统交往的建构效应［J］. 江西教育学院学报（社会科学），2002（5）：38.

其目的是以理论指导自己的实践活动，去进一步认识和改造世界。将已经掌握的理论运用到实践活动当中的过程就是外化的过程，在这个外化的过程当中去检验和证实已经掌握的理论是否科学合理，在此基础之上进行再一次的理论总结，如果正确那就巩固了这一理论在主体思想意识领域当中的地位；如果不正确或不完全正确那么主体将会重新做出交互或调整，实际上这是再内化的环节，当然，此次的再内化必将对之后的实践活动即再外化产生影响。因此，人们在价值观的交互过程当中遵循"内化—外化—再内化—再外化"的顺序循环往复，实现了正确价值观的确立和巩固，也实现了比较和区分正确价值观和错误价值观。这个过程实际上是主体通过交互与实践价值观，建构自己的价值体系的过程。

正确价值观的确立即建构正确的价值体系。在民族信息交互教育实施过程中，教育者的直接目的就是通过教育活动帮助受教育者交互并确立正确的价值观，抛弃错误的价值观。在开放环境下，人们思想活动的多变性、独立性、差异性、交互性明显增强，并成为人们思想活动的新特点，这也就决定了受教育者在价值观的交互上有充分的自主性。但是由于受教育者自身条件、生活环境以及受教育程度的不同，这种自主性并不一定都能导向交互正确的价值观，这就决定了教育者所面临的受教育者之前的价值观念并不一定是教育者所希望的，他们对正确价值观的理解能力并不一定是教育者所预想的。因此，教育者在教育过程中的重要任务是通过对受教育者进行理论和实践教育，教会受教育者对各种价值观进行比较和判断，从本质上对其进行分析，让受教育者积极主动地交互正确的价值观，并将其真正内化为自己的价值观。在积极引导受教育者交互并确立正确的价值观的基础之上，还要指导受教育者运用价值观指引自己的实践活动，从而巩固其已经确立的正确的价值观，尤其是树立正确的民族价值观。因为"民族价值观是不同的民族基于各自的历史文化、生产方式、生活习俗、地理环境等因素所形成的具有地域特色或民族特征的价值观。由于价值观具有隐含性，不是外现的，往往内含在主体的行为和产品中，包括物质的产品和精神的产品。民族价值观主要体现在一个民族的哲学、宗教、艺术、法律和风俗习惯中。价值观不同于一般的事实判断或者科学知识。

它的主要作用是用来判断是非曲直，判断真善美和假恶丑。什么是好的，什么是坏的，什么是应该提倡的，什么是应该禁止的，要对此做出判断就要借助于一定的价值观。"❶ 在这个过程当中，教育者在帮助受教育者交互并确立正确的价值观的同时还帮助受教育者积极主动地建构正确的价值体系，交互正确的价值观实际上就是建构正确价值体系的过程。❷

---

❶ 刘大海. 当代民族价值观的总体态势及其建构 ［D］. 苏州大学硕士学位论文，2004：5.
❷ 王晓菲. 开放环境下的选择教育 ［M］. 北京：人民出版社，2014：58 - 59.

开放社会中民族信息交互教育的过程与模式

开放社会中的民族信息交互教育本质上是一种教育活动，在这种教育活动中围绕"谁来交互"（交互的主体）、"交互什么"（交互的内容或客体）、"怎么交互"（交互的方法或过程、模式）对受教育者进行教育活动。这是"方法论"范畴。方法论是论方法的系统知识，它把方法作为直接对象而从理论上进行系统研究和梳理。方法论研究方法的性质、作用和发展规律，研究不同方法之间的差别和联系，研究每一种方法在方法系统中的地位以及正确运用各种方法所必须遵守的基本程序和原则等。[1] 简言之，方法是主体与客体之间的桥梁。开放环境下民族信息交互教育的过程与模式，原则与方法等方法论体系有助于人们将民族信息交互教育的理论知识转化为现实客观，更有助于人们在实践民族信息交互教育理论知识的基础上创造出新的交互方式。只有清楚开放环境下民族信息交互教育主体和客体、主观和客观双重因素的关系，才能更清楚地理解民族信息交互教育的过程及模式。

---

[1]　刘冠军. 哲学方法论论纲 [J]. 理论学刊, 2001（6）: 56 – 58.

第一节　开放社会中民族信息交互教育的主体与客体

所谓主体与客体的问题，实际就是实践活动中发生的人与自然、物质与精神、主观与客观的问题。开放环境下民族信息交互教育主体、客体及其相互关系是民族信息交互教育研究的一个重要课题。把主体与客体的范畴引入民族信息交互教育，有助于改变人们把民族信息交互教育中教育者和教育对象割裂开来孤立进行探讨的习惯思维，有助于更深刻揭示民族信息交互教育主体与客体之间的本质关系，科学定位教育主体与客体在民族信息交互教育中的角色地位，充分发挥民族信息交互教育主体的自主性与能动性，从而提高民族信息教育的有效性。

一、开放社会中民族信息交互教育的主体

主体是同活动对象即客体相对的哲学范畴。由于人类活动的领域广大、方面众多，因此，在不同的场合，主体可以被称为实践的主体、认识的主体、历史的主体、价值的主体、审美的主体、道德的主体、教育主体、交互主体，等等。但是就主体的概念而言，在哲学史上经历了一个变化的过程。古代和近代的一些哲学家把主体理解为实体，即在状况和特性有所变化时仍保持依然如故的东西，并在这个意义上就什么是主体展开过争论。17 世纪英国唯物主义哲学家霍布斯提出物质是一切变化的主体，就是在实体的意义上使用主体概念的。直到 17 和 18 世纪以后，近代哲学家才开始在与客体相对的意义上理解和使用主体概念。马克思说"主体是人，客体是自然。人作为主体是相对于客体来说的，离开客体，就无所谓主体。"❶ 从马克思主义的哲学概念中可以看出，无论针对什么领域，无论在什么样的场合，无论是什么样称谓的主体都具有其共同的本质，即主体是从事劳动实践和认识活动的人，是相对客体而存在的。

---

❶　马克思恩格斯选集编写组. 马克思恩格斯选集 [M]. 北京：人民出版社，1972：88.

（一）个体主体

在开放社会中，交互是主体间通过交互中介进行客体内容交互，从而获得交互意义。这里的交互主体主要是指参与交互的个体和组织。个体是每个社会中的个人，组织是指特定时空范围内因为一定价值、目的、功能等，按照一定方式结合在一起的个体的集合，如民族、国家、公司、学校、医院等都是交互意义上的组织。根据交互主体的存在形式，开放环境下民族信息交互教育过程中存在个体主体、群体主体、家庭主体、学校主体、社会主体五大主体，其中就社会关系来看分为个体与群体主体，就社会共同体的基本形式来看分为家庭主体、学校主体、社会主体，同时从个体主体与群体主体来看，我们可以把家庭、学校、社会可以理解为群体主体的一种具体形式。

个体是构成总体的一个对象或基本单位。个体主体是与群体主体相对而言的，交互主体是在交往活动中，主体与主体在一定的条件和原则下构成的主体群，从外部看，它是一个群体形态的主体；从内部看，它是一个由一定数量的主体相互联系、相互作用的集合。这一定数量的主体既可以是个体，也可以是群体。同时，作为主体与主体交互作用的集合，一定的交互主体又可作为一个成员主体成为更大规模的交互主体的一分子。因此，民族信息交互教育中个体主体即以每个社会中的独立存在的个人为民族信息交互教育的主体，由个体教育者通过各种教育手段和方式，对个体受教育者进行多元价值观的教育和引导，培养和提高每一个受教育者多元价值观的交互能力，使每一个受教育者自觉形成正确的价值观。

（二）群体主体

群体是由两个及以上具有互动关系的个体组成的整体，群体中个体的互动关系本质上而言就是群体中个体具有共同的特征，如有共同的计划、共同的目标与追求、共同的实践行动等。在交互教育中的群体主体同样也是相对于个体而言的，区别在于群体主体中的个体是具有互动关系的个体，而个体主体中的个体是没有互动关系的个体。因此，在开放社会中，民族信息交互教育群体主体即以具有共同特征的个体组成的整体为教育主体，由共同特征的教育主体作用于教育客体，从而达到正确价值观的交互，简而言之，开放社会中民族信息交互教育的群体主体，也就是由群体教育者通过各种教育手段和方式，对群体受教育者进行多元价值观的教育和引导，以培养和提高受教育者多元价值观的交互能力，使受教育者自觉形成正确的价值观。群体主体可以分为家庭主体、学校主体、社会主体。由于价值观确立的关键时期是在各民族的青少年时期，因此，学校主体是最主要的主体。

1. 家庭主体。家庭是由婚姻关系和血缘关系、收养关系构成的社会生活组织形式。前者是夫妻关系，后者两者是父母与子女的关系，两者的统一就是家庭。家庭执行人自身生产的职能，是人类生活的最小单位，同时包含法律、道德和心理、教育等关系，它是整个社会物质生活和精神生活的缩影，反映出各个时代社会生活的面貌。在教育关系中，家庭成为教育的一大主体，并在家庭主体的基础上形成了相关的教育理论和观点。在人一生的发展中，家庭是子女最初和经常接触的生活环境，父母是子女最先交往和接触最多的人。在开放环境下的今天，虽然我们会受到很多家庭以外环境的影响，但是相比较而言，子女接受家长的影响最为深刻，家庭为子女的个性、品德、智力等发展、成长奠定初步基础。在这种承袭关系中，一是先天遗传因素的作用，二是后天环境和教育的影响。父母的生活作风、兴趣、爱好、习惯等个性特征，都将会给孩子留下深刻的影响。在民族信息交互教育中尤其是父母的人生观、世界观、是非观、价值观等，一旦被孩子认可和接受，将会影响其一生。

2. 学校主体。学校起源于奴隶社会。在《孟子·滕文公上》曾对古代各类学校有过一个解释："设为庠序学校以教之。庠者，养也；校者，教也；序者，射也。夏曰校，殷曰序，周曰庠，学者三代共之。"《礼记·学记》中讲："古之教者，家有塾，党有庠，术有序，国有学。"清末兴办近代教育，在1902年的《钦定学堂章程》中把学校称为学堂。1912年的壬子学制中改称学校。可见学与校都是古代教与学的机构，从1912年至今统称为学校，不同称谓，既有细微差别，又有时代的原因。简而言之，学校就是有计划、有组织、有目的进行系统教育的机构。现今学校教育的主要特点有：①学校教育是通过培养人才来为社会服务的。②学校教育对学生的培养是全面的、系统的。③学校教育是以教学为主的。④学校教育的周期比较长。在开放环境下的今天，知识经济和网络化交互给学校教育增添了许多新的特点，各种现代化媒介的发展在促进学校教育教学改革的同时，也给学校教育带来很多的挑战，因此，要让人们学会交互，提高人们的交互能力以适应瞬息万变的信息社会。毫无疑问，学校成为培养和提高人们信息交互能力的主体，学校运用现代化的交互中介，围绕价值观交互为核心，有计划、有目的、有组织地对受教育者进行信息交互教育，使受教育者在学会鉴别信息源的基础上，形成正确的价值观，实现知识交互与价值交互的统一、认知交互与行为交互的统一。

3. 社会主体。社会是共同生活的个体通过各种各样社会关系联合起来的集合。其中形成的最主要社会关系包括家庭关系、教育关系、经济关系、政治关系、文化关系等。当然，社会关系也包括个体之间的关系、个体与集体的关系、个体与国家的关系、群体与群体之间的关系、群体与国家之间的关系。在众多的关系中，从教育关系层面出发，社会成为教育的主体，并形成了一种教育的基本形式即社会教育，广义的社会教育是指有意识地培养人，一切社会生活影响于人的身心发展的教育，泛指一切增进人的知识、技能、智力、身体健康以及形成或改变人的思想意识的活动。狭义的社会教育，是指学校教育和家庭教育以外的一切社会文化机构、社会团体组织和其他形式的社会主体对其成员所进行的教育。即指一定的社会教育机构和文化教育设施，通过社会的舆论宣传、交往等活动，对广大社会成员施加教育影响，以养成其具有社会所需要的知识、品德和能力的活动。无论从广义还是从狭义方面理解社会教育，它在民族信息交互教育中，起到了对家庭信息交互教育和学校信息交互教育延续和补充的作用。

因此，在开放社会中民族信息交互教育中，家庭主体、社会主体、学校主体都发挥着各自的教育优势和功能，无论对个体还是群体而言，家庭是其接触最早的教育主体，学校这一教育主体则为我们一生的发展奠定基础，社会则是对我们影响最大、最持久的主体，只有三种主体和谐统一、协调发展，才有利于提升我们的信息交互能力，形成正确的价值观。

二、开放社会中民族信息交互教育的客体

客体是相对主体而言的，在哲学上客体是指主体以外的客观事物，是主体认识和实践的对象。就交互的客体方面来说，主要是指交互主体之间的交互内容，包括物质层面、精神层面和两性需求等。物质和精神层面交互在当代主要是经济和科技交互、知识和信息交互、文化艺术和教育交互以及职业交互、情感交互等。两性交互则产生两性关系、诞生生命个体、家庭和血缘关系、伦理道德关系等。任何形式的交互，要完成交互内容在主体之间的传递和交换，必须凭借一定的交互中介才能完成，交互中介在很大程度上确定交互的发展水平，其中，主体自身拥有的交互能力，如语言、表情、手势等可以作为主体性交互中介，客体性交互中介则包括道路、交通工具、文字、书报刊印刷产品以及电报、电话、电影、电视及网络等传播中介，而货币是交互中最重要的交换中介。同样，任何形式的教育交互也需要借助主体性与客体性的交互中介来完成，开放环境下的民族信息交互教育也不例外。在开放社会中，民族信息交互教育的客体是多元的，有物质层面的各种多元化知识与信息、现代化交互手段和媒介、交互技能等，也有精神层面的价值观、世界观，简言之，开放社会中的民族信息交互教育的客体是物质与精神的融合与统一，其中以多元价值观的交互能力为核心。但是，在开放社会中，民族信息交互教育的客体需要注意各民族思想活动出现的新特点和交互客体的主观能动性，这样才能在多元、多变的环境中，确立正确的价值观，从而提升人们对正确价值观的比较、区分、择决能力。

思想活动本质上是人们的认识过程，是人们反映外界事物并决定自己立场态度的一个认识过程。在整个认识活动中，人们会经历这样一个过程：客观存在—思想活动—行动—客观存在。在这个链条中，思想活动是一个中心环节，支配人的言论和行为，影响人们的价值取向，这是人的思想活动的基本规律。人们的各种思想，是在社会实践中对客观事物的反映。在反映客观事物时，需要是人思想活动的基本动力，人的需要一经产生，就变成一种欲望、向往和追求，在一定的条件下，就会导致特定的行

为，并在行为中表现出一种主动精神、热烈的情绪和创造性劳动。在信息技术、知识经济、全球化背景下，因为客观存在的多元、多样、多变，导致各民族的思想活动出现一些新的特点，这种新的特点主要体现在思想活动的独立性、交互性、多变性、差异性、多样性、复杂性。独立性即各民族思想活动的不可推演性，在同样的时代背景和社会生活中，各民族的思想活动不可能根据统一的规则推演出统一的认识过程和统一的行为，所以人们的思想活动即使是在同规则之下也寻找不到完全一模一样的思想认识；相对于各民族思想活动的不可推演性而言，各民族思想活动又是彼此互相交替融合在一起的，虽然各民族思想活动是独立的，但在活动中人们会相互尊重和理解，从而构建更具包容性的新的思想活动；客观存在的多元、多样促使各民族思想活动是多变的、多样的、复杂的，并且多样的同时又存在个别差异性。

主观能动性也就是"自觉能动性"。指人的主观意识和实践活动对客观世界的反作用或能动作用。简言之，就是在认识和改造世界的过程中，人们的主观意识和实践活动反过来作用于客观世界，促进或阻碍客观世界的发展。在民族信息交互教育中，在一定条件下，交互主体之间也可能互相视对方为交互客体，交互内容和中介的客体性之中也包含一定的主体性。即在开放社会中，民族信息交互教育的客体（交互内容与中介）会促进或阻碍教育的客观发展，如现代大众传媒，对教育而言既是机会又是挑战，既有利也有弊。我们都知道社会是由相互联系的无数个体组成的，个体与社会和谐统一，相互依存，大众传播以其巨大的威力将分散的居民联合起来，使他们形成一个个集体。一方面，大众传播使世界各国、各民族增多了相互了解的机会，突出的表现就是"地球村"的形成，全球化的发展。另一方面，在看到大众传播促进经济发展和文化进步的同时，我们也无法否认它的许多负面影响。大众传媒淡漠了人际关系，降低了人们的思考能力，导致"社会麻醉""电视人""一群人的孤独"等现象的出现。

因此，在充分发挥民族信息交互教育客体功能的同时，要注意开放环境下各民族思想活动的新变化和客体在一定条件下的主观能动性。

三、开放社会中民族信息交互教育的主客体关系

任何教育活动都是教育的主客体之间的双向交互的活动过程，教育的主体和教育客体之间存在相互依赖、相互作用、共同完善的关系。

（一）教育者的示范作用

教育者对受教育实施教育，是围绕价值观的交互，通过各种教育活动，采用适当的教育方式和方法，遵循相应的教育原则，培养受教育者的交互能力，帮助受教育者对社会现存的价值观进行比较、分析、判断，使受教育者认识到各种价值观念的本质。在此基础之上，引导受教育者自觉主动地交互并确立正确的价值观，改变或抛弃原来不完全正确或不正确、不科学的价值观，使其自主建构正确科学的价值观体系，并将其运用到实践活动当中，作为自己实践的指导。显然，教育者能够使受教育者系统地受到正确的教育，是受教育者的示范和榜样，为受教育者指明方向，为受教育者的发展指引道路，使受教育者能够实现自由而全面的发展。

（二）受教育者的主观能动性

受教育者并不是被动地接受教育者的影响，他对教育者有能动的反作用。受教育者在接受价值观的民族信息交互教育的过程中，必然会体现出自身原有的价值观念，同时，也必然显露出他正在接受的各种价值观念，这种体现和显露对教育者来说无疑是最佳的教育素材，教育者可以及时吸纳这些素材丰富教育内容，也可以帮助受教育者对这些价值观念进行正确的分析。在分析过程中，让受教育者生动地认识到正确价值观与实践相结合所产生的巨大力量，从而使受教育者能更快、更好、更主动地接受正确的价值观，同时丰富和完善民族信息交互教育的教育理念，创新民族信息交互教育的教育方法，增补民族信息交互教育的教育素材。可见，受教育者的主观能动作用能够促使教育者更加完善，提高教育者的整体素质，是对教育者顺利开展民族信息交互教育的有效补充。

总之，民族信息交互教育的主体和客体之间，是一种相互依赖、相互作用、共同完善的关系，二者相互依存，不可分割。

第二节 开放社会中民族信息交互教育的过程

从哲学层面看，过程是物质运动在时间上的持续性和空间上的广延性，矛盾存在和发展的形式。在整体过程观发展中，不同时期人们提出了不同的看法，在古代产生了事物是过程的思想，黑格尔则把自然当作过程来阐明，马克思、恩格斯批判了黑格尔的唯心主义体系，继承了他的关于永恒发展过程的思想，提出世界是过程的集合体的思想。在现代汉语词典中，过程指事情进行或事物发展所经过的程序、经历。针对教育而言，教育过程是教育者对受教育者施加教育影响所经过的程序，也指受教育者获取知识、技能、价值观等教育影响的程序、经历。开放社会中民族信息交互教育中受教育者获取各民族知识、技能、价值观等信息，主要经历了两大程序：内化—外化—再内化—再外化的转化程序和比较—鉴别—交互—建构—践行的实践程序。❶

一、内化—外化—再内化—再外化

（一）内化

中国古代很早就已经有"内化"的思想。如孟子的"内求说"，他主张人的道德、知识和智慧生来就以某种可能的形式存在于自己的内心之中，并借助他人和外部条件的力量不断自我扩充和发展。荀子认为，人的道德、知识和智慧并非内心固有的，是在接触和考察客观事物的过程中不断通过"外铄式"的学习才获得并积累起来的。王守仁认为人做学问应该"消化自得"，就是说，道德学问需要别人的指导和点化，但光靠别人的指导和点化是不够的，关键是自己要领悟和理解，在别人指导下，自己的独立理解和领悟是促进道德内化的重要途径和方法。美学上内化指外界的客体美和人的审美、创造美的实践向内部心理的转化。内化原本是心理学概念，由苏联心理学家列昂捷夫提出，他在《活动·意识·个性》中指出，

---

❶ 王晓菲. 开放环境下的选择教育［M］. 北京：人民出版社，2014：68.

内部思维过程乃是"外部实践内化和特殊改变"的结果，是"人对现实及其变化的一种占有形式"。到20世纪80年代，内化被运用于我国审美心理学的研究。一般认为，人的审美、创造美的活动有外部活动与内部活动。外部活动是人的客观的物质活动、实践活动，内部活动是人的心理活动。审美心理活动是客体美和人的审美、创造美的实践转化为内部心理的结果，是内化以后发生的，内化的内容随着实践的发展而发展，内化的过程包括同化、顺应、接纳或排斥，内化即对象的心理化，实践行为的意识化，客体的主体化，也是心理的对象化，内化的结果是产生审美的认识、情感、意志、行为，形成审美经验、态度、观念、能力等，并构成人的审美心理结构。《辞海》把内化定义为人对外部事物通过认知转化为内部思维的过程，也是个人接受群体或社会的规范并使之成为其人格的一部分的过程。针对不同的领域和不同时期，不同的学者对内化做出了不同的定义，如胡守棻把内化界定为"是指个体不仅遵守社会规定的行为准则，而且身为社会的一员，愿将这些准则作为自己的价值准则的过程"。❶ 邱伟光、张耀灿在《思想政治教育学原理》一书中指出，"所谓内化，是指受教育者在教育者的帮助下或在其他社会教育因素的作用下，接受社会要求的政治观点、思想体系、道德规范并转化为自己的个体意识，也是个体不仅真正相信，接受和遵守社会的政治思想、道德要求，而且自愿将这些要求作为自己的价值准则与行为依据的过程。"❷ 在开放社会中，民族信息交互教育是一种以价值观为核心的教育，在各种教育手段和方式的基础上，让受教育者进行各种信息的交互，形成一种正确的价值观，提升交互的能力，因此，从民族信息交互教育的角度来看，内化是指受教育者在教育者的帮助下或在其他社会教育因素的作用下，接受各民族的观点、思想体系、道德规范、价值观，并将其转化为自己的个体意识，通过对多元信息进行感知、注意、记忆、思维，自愿将这些要求作为自己的价值准则与行为依据的过程。

---

❶　邱吉. 道德内化论［M］. 北京：民族出版社，2004.13.
❷　邱伟光，张耀灿. 思想政治教育学原理［M］. 北京：高等教育出版社，1999.80.

（二）外化

外化是德国古典唯心主义哲学家黑格尔的重要用语，他用这一概念说明自然界是"绝对精神"的产物和外在表现。黑格尔所谓的"绝对精神"，是指在自然界和人类社会出现以前，就客观地存在一种精神实体，即宇宙精神，这种宇宙精神不是人们主观的东西，而是在人之外的"客观思想"。他认为，"绝对精神"是一种能动的"活的实体"，处于辩证的发展过程中，在自然界和人类社会出现以前，它处于纯概念的阶段，也就是他整个哲学体系中的逻辑学阶段，其全部内容就是"纯概念"的自我发展、自我认识过程的描述，最后达到了"绝对观念"，则是整个逻辑发展过程的顶点。"绝对精神"已经不可能在"纯概念"的形式中继续发展了，于是"绝对精神"就从纯概念的领域转化为自己的对立面——自然，即外化为自然界，使"绝对精神"披上了物质形式，这就是自然阶段。❶ 黑格尔关于外化的思想，一方面说明他颠倒了自然界和思维的真实发展过程，也使他成为典型的客观唯心主义者；另一方面说明他力图把辩证法贯穿到他所研究的每个领域，用辩证法找出自然界、社会历史及思维有机的发展线索，从而能够比前人更深刻更全面地洞察和揭示出这些领域的本质和规律，体现了他丰富的辩证法思想。马克思发展了这一概念，把外化与社会实践联系起来。简言之，外化及外在化，是相对内化而言的，内化与外化是教育学中的一对基本范畴，在民族信息交互教育中，外化就是教育者帮助和引导受教育者将自己已经形成的多元交互价值观转化为自己的交互行为的过程。

（三）再外化

在当前这个经济全球化、社会信息化的开放环境下，整个社会的存在方式发生着变化，同时也改变着每个人的生存方式。无论是集体还是个人，无论是整个人类社会还是某个国家，面对这样一个多元复杂、瞬息万变的世界，都必须在更广阔的阈限中进行交互。随着我国社会的深刻变革，在发展社会主义市场经济和对外开放的条件下，在各种思想文化相互

---

❶ 金炳华. 马克思主义哲学大辞典［M］. 上海：上海辞书出版社，2003.

激荡的环境中，人们思想的独立性、交互性、多变性和差异性进一步增强。目前国际文化呈现交流、交融、交锋的新特点，社会信息化，尤其是互联网的发展为不同的信息交流提供了平台。在这样一个开放的社会中，不仅信息量增多，而且各种观念也层出不穷，人们在面对多种信息和观念时必须进行交互也能够进行交互；如果不做出正确的交互，则会被信息的海洋误导甚至淹没。因此，在各民族信息和多元价值观交互过程中，人们需要对接受、认可、理解并已经转化为行为的多元信息或价值观进行比较、鉴别、择决后进行再一次的肯定和深入的理解，作为自己正确行为的准则和依据。

（四）再内化

人们对外化结果即实践结果的总结和提炼，最终又上升到了理论的观念形式，由于这次实践活动是人们自觉主动地将先前内化了的价值观加以运用，同时对实践结果的总结和提炼也是自主行为，因此，总结和提炼的外在观念会自觉地被人们认可和接受，也就实现了再一次内化，但是这次内化与之前的内化是不同的，是在上一次基础之上的升华，是对上一次内化的总结，人们对这一次内化的主动性和自觉性比上一次要强烈。当然，在经过筛选和过滤后的交互标准需要我们进行再一次的行为转化，这样才能让正确合理的标准运用在实际行动中，这样的行为转化就是再外化，再外化即在开放环境下民族信息交互教育中，教育者帮助和引导受教育者将自己已经形成的正确交互价值观转化为自己的交互行为的过程。再内化—再外化是整个交互过程中关键性的程序，没有再内化—再外化的过程，那么交互就失去了正确的导向，失去了成功交互的保证。因此，在开放环境下民族信息交互教育中，内化—外化—再内化—再外化是一个完整统一的交互程序。多元信息及价值观的内化是人们外化交互行为的内在依据，而人们外化符合教育者所期望的交互行为，则是内化交互价值观的外在表现，前者是后者的前提和基础，后者是前者的巩固和发展。可以说，在交互过程中，没有多元交互价值观的内化就不可能有价值观的外化，同样，没有多元价值观的外化，内化也不是真正的内化。只要人们真正内化了多元价值观的内容与要求，就必然会外化出符合这一价值观的交互行为，同样，如果人们的交互行为真正是习惯了的、自觉的行为，则必然是内化交互价值观内容和要求的结果。可见，正确价值观的确立就是在"内化—外化—再内化—再外化"的过程当中循环往复地逐渐实现的。教育者应当遵循这一过程，同时把握价值观确立的关键点，对受教育者实施价值观的民族信息交互教育，实现受教育者自由而全面的发展。

二、比较—鉴别—交互—建构—践行

以上的过程，我们是从价值观确立的宏观方面来考虑的，当然价值观确立的一个周期也就是"内化—外化（再内化）"，之所以把外化和再内化联系在一起，是因为二者本身就是在一个实践环节当中完成的，因此，如果从微观方面来看价值观的交互和确立，那么就存在"比较—判断—交互—建构—践行"这样一个过程，并且在每一个"内化—外化（再内化）"的周期当中都必然存在，否则，不能实现正确价值观的交互、确立、巩固以及运用。

交互伴随人类的产生而产生，并随着客观环境的变化而变化，在全球化为重要特征的信息时代，交互变化的机会给人们的交互带来了很多的挑战。在这个时代中，当代人类社会生活的地域范围越来越广泛，尤其是经济全球化促进了全世界不同国家、不同民族之间全方位的相互沟通、相互影响、相互联系和相互作用，并导致各种文化之间的交流、交锋、交融，形成了文化的多元性。放眼全球，经济全球化、文化多样化、价值取向多元化，人们处在开放的社会中，时代的发展给人们的交互提供了广阔的空间。与此同时，科学技术的迅猛发展，以互联网为代表的信息交互平台，使人们可以更快、更便捷、更多地获取各种各样的信息。当然，随着客观环境的变化，人们的主观世界也发生巨大的改变，人们自觉意识的提高和交互意识的增强，使自主交互成为可能，使自我交互成为现实。面对这样一个开放的生存环境，各族人民在生活中无时无刻不面临着这样或那样的交互，不去交互就无法生活，不会交互就无法生存、无法成长、无法发展。但是，在必须交互的同时，多元、多变、多样的开放环境给人们提出了很多问题和挑战，为了生存与生活，我们需要也必须去交互，并且更为重要的是要正确合理的成功交互，否则错误的交互就会导致我们被时代、被社会所淘汰。因此，在开放社会中的今天，民族信息交互教育需要考虑"怎样才能成功交互？怎样才能获得正确的信息或观念？怎样才能形成正确的价值观从而指引正确行为的产生？"等问题，这是时代背景赋予我们的挑战，只有解决好了这些基本问题，我们的交互教育才是正确合理的，人们的交互能力才能真正得到提升和发展。因此，开放社会中民族信息交互教育过程的科学性就决定我们能否成功解决交互中的这些基本问题，在交互教育中，我们得出两大过程：内化—外化—再内化—再外化和比较—鉴别—交互—建构—践行。这两大交互教育的过程并不是完全独立运行的过程，而是相互联系、相互渗透的过程。内化—外化的过程不仅仅是人们获取交互价值观的过程，也是人们获取其他领域各种各样知识、技能的过程，但是在接受、理解了多元价值观并转化为行为的过程中，我们需要比较、鉴别，从而建构起正确的交互价值观，再以正确的交互价值观为标准进行交互行为的实践，以保证我们交互行为的正确性和成功性。比较—鉴别—交互—建构—践行这一交互教育过程，是人们检验和验证交互价值观是否科学合理的有效途径。

（一）比较

比较就是分辨事物异同、高下、优劣等区别。"比较不仅是我们认识事物的一种方法，一种思维方式，人在本质上还是一个比较人。"❶ 从人的本质上来说，比较是人的一种能力，是人在发展过程中以比较这一方法与思维模式来认识事物的能力，因此，比较既是一种方法、也是一种能力，在人与人的交互交往活动中，比较能力是一种必需的能力，它包括了理性与感性的比较、理论与经验的比较、认识与实践的比较三大方面。从交互教育的过程来说，比较更倾向于一种方法与思维方式，是人们在开放环境下分辨多元民族交互信息或价值观异同、优劣等区别的一种思维方式。通过对事物进行本质上的比较，很重要的一个环节就是判断，即判断孰优孰劣，判断哪个是正确的哪个是错误的。通过判断指明交互的方向，为之后

---

❶ 林春丽. 论比较 [J]. 学术论坛，2006（2）：72.

的交互奠定基础。在开放环境中各民族的观念、信息、价值观等是多元的，有积极的方面，同时也存在消极负面的因素，比较是人们获得正确交互价值观的关键环节，是前提和基础，比较能使交互主体从各种交互中引发出理性的思考，进而不断地对多元交互价值观进行选择，使交互主体在比较的过程中，不断发现和消除消极负面的交互价值观，积累交互的积极因素，以保证正确交互价值观的获取，进而保证交互的成功。

（二）鉴别

鉴别即辨别真假好坏。也就是在运用科学方法的基础上，通过认识和分析事物的本质特征，对事物做出客观、正确、科学、合理选择的过程。因此，鉴别也是交互的前提和基础，鉴别能力的培养是交互能力培养的基础环节，只有具备了鉴别能力，才能正确认识和分析事物的本质，对交互内容进行评判，才能够实现正确的交互，否则就不可能做出正确合理的交互。面对民族信息多元化和多样化的局面，只有在运用比较方法的基础上，充分认识和分析多元价值观的本质特征，我们才能够对多元交互价值观做出客观、正确、科学、合理的择决，才能够实现正确价值观的交互。所以，在民族信息交互教育中，教育者可以通过提供多种价值观的环境和情景的方式，让受教育者在真实或虚拟的情境中辨别多种交互价值观的真假好坏，从而提高受教育者的鉴别能力，进而提高受教育者的交互能力。

（三）交互

在比较和鉴别的基础上，人们自然会对开放环境下民族信息交互教育中的多元交互价值观进行分析和综合。真正能检验我们比较和鉴别结果是否正确、科学的途径就是实践，从马克思主义的哲学观念中我们知道，任何理论是来源于客观实践并在实践当中得到检验的，理论引导本身包含着和实践指导的一致性和统一性，如果理论与实践相脱离，就会成为无源之水、无本之木，成为教条，并会失去其实际意义和价值，再也无法指导实践活动的进行。因此，检验交互价值观的途径就是交互，交互价值观正确与否只有通过交互这一社会实践活动才能得出交互价值观正确性的内在属性。

（四）建构

建构原本是建筑学的一个词语，后延伸到心理学领域，形成一个关于知识与学习的理论流派建构主义，这一流派强调学习者的主动性，认为学习是学习者基于原有的知识经验生成意义、建构理解的过程，而这一过程常常是在社会文化互动中完成的。同时建构主义强调知识不是对现实的纯粹客观的反映，任何一种传载知识的符号系统也不是绝对真实的表征。知识并不能绝对准确无误地概括世界的法则，提供对任何活动或问题解决都实用的方法。在具体的问题解决中，知识是不可能一用就准，一用就灵的，而是需要针对具体问题的情景对原有知识进行再加工和再创造。知识不可能以实体的形式存在于个体之外，尽管通过语言赋予了知识一定的外在形式，并且获得了较为普遍的认同，但这并不意味学习者对这种知识有同样的理解。真正的理解只能是由学习者自身基于自己的经验背景而建构起来的，取决于特定情况下的学习活动过程。否则，就不叫理解，而叫死记硬背或生吞活剥，是被动的复制式的学习。在民族信息交互教育当中，教育者面对的受教育者的思维水平是不相同的甚至是差别很大的，然而，价值观的交互是以观念形式的价值观为交互客体，观念的接受不能依靠外在的强制力，只有受教育者自觉地去认可和接受才能最终实现，即受教育者所持的价值观并不一定与我们所倡导的价值观一致，受教育者对价值观的理解能力并不一定是我们所希望的那样，因此，民族信息交互教育所要解决的问题就是教育者如何帮助受教育者积极主动地进行价值观建构的问题。还需要注意的是，在解决受教育者主动建构价值观的同时，我们必须注意帮助受教育者确立正确的价值观，这就需要在交互体验的过程中建构起正确的价值体系，因此，教育者在教育过程中的重要任务是通过对受教育者进行理论和交互实践，教会受教育者对各种价值观进行比较和鉴别，从本质上对其进行分析，让受教育者积极主动地交互正确的价值观，并将其真正内化为自己的价值观。

（五）践行

践行即实践，用实际行动去做某些事。马克思主义的实践观指出实践是指以改造物质世界（包括改造人自身）为目的的对象化的客观物质性的社会历史活动。显然，人的实践活动是理论与实践相结合的最佳纽带，只有通过实践活动，理论才得以与实践结合，才能够在实践中得到检验，因为理论本身来源于实践，因此只能在实践当中得到检验。价值观的真正意义和价值不仅仅是被人们认可和掌握，关键是被运用到实践活动当中，作为人们实践的指导。因此，在比较、判断、交互、建构之后最重要的环节就是践行，只有在这个环节当中，价值观才能真正同实践活动相结合，才能发挥其理论指导实践的根本作用。所以在开放环境下民族信息交互教育的价值体系要强调实践，我们必须对已经比较、鉴别、交互过的价值体系进行积极主动的建构，更为关键的是对已经建构的价值体系进行实践，因为实践不仅是我们新价值观产生的途径，同时更是我们对价值体系是否真正建构、是否正确的检验，在价值观的交互过程中，我们应该坚持和交互什么样的价值观；我们判断什么是正确的价值观、什么是错误的价值观，不能简单地依据纯粹的理论或纯粹的实践经验，而必须通过实践这一环节，才能正确地解决问题。

第三节　开放社会中民族信息交互教育的模式

模式又称"范型"。原指制造器物的模型，一般指可以当作模范、榜样加以仿效的范本、模本。但是在不同的学科和领域中，模式有了不同的含义，在英文中，一般认为"模式"这个术语是英文 Model 的汉译名词之一，Model 还可以译为"模型""模范""原型""典型""样式""模特儿"等。《辞海》对模式的解释是"范型"。一般指可以作为范本、模本、变本的式样。并指出"在社会学中是研究自然现象或社会现象的理解图式和解释方案，同时也是一种思维体系和思维方式。有进化模式、结构功能模式、均衡模式和冲突模式等"。《现代汉语词典》将模式解释为"某种事物的标准形式或叫人照着做的标准样式。"参照上述各种解释及在实践中运用的情况，我们可将社会学中的模式理解为事物结构的标准式样，其基本含义：①模式属于事物结构的范畴，包括外部形态、内部结构、运行机制与程序等要素；②所谓标准式样，是指经过概括化的，具有明晰的功能、结构与操作程序，可供人们模仿的范本或模本；③事物因自身的发展和所处环境条件的不同而发生结构性变化，并形成基本结构相同，而具体式样不同的多种变式。正是由于事物变式的多样性，决定了同一事物模式的多样性。但凡特指的某一种模式，实际上是事物多种变式中某种特定的变式，因而不同的模式总是相比较而存在的。❶

　　信息交互作为一个具体的行为，是伴随人的意识的产生而产生的，它是人类认识与改造客观世界包括人本身的过程中的必然环节，同时，它还将伴随各民族生存、发展的整个过程。开放环境下的民族信息交互教育，是时代赋予民族教育的重要使命，是新时期民族教育信息化工作的重要任务之一，是个人成长与发展的内在必然要求。在多元化、信息化、全球化、网络化等开放式历史条件之下，民族信息交互教育在围绕"交互什么、怎么交互"对受教育者进行教育活动的过程中，建立了较为稳定的三大信息交互教育式样：比较交互模式、竞争交互模式、实践交互模式。这三大模式具有以下几方面的特点。

　　第一，交互教育模式涵盖的内容与交互教育内容的一致性。在民族信息交互教育中，交互的内容也就是教育模式所涵盖的内容与层次。

　　第二，交互教育模式的独特性。教育模式作为教育的不同变式是相比较而存在的。一种模式的形成与发展及其利弊，总是以其独特性为依据，而这种独特性只有在与其他模式的比较中才能显现出来。如，苏联教育模式是同欧美教育模式相比较的，中国传统教育模式是同外国或西方传统教育模式相比较的。因此，交互教育模式的研究不应孤立地进行，必须从中外、古今、新旧之中确立一个比较的坐标进行深入的比较研究，才能对原有交互教育模式做出准确的划分，也才能做出具有独特性的新交互教育模式的设计。

　　第三，交互教育模式的多样性。由于教育变式的多样性而决定了交互教育模式的多样性。就环境因素而言，由于历史条件与民族传统不同，时代不同，社会发展水平与社会需求不同，势必要求以多样化的教育模式适

---

❶ 冷全. 教育模式的生成与创新 [J]. 高教发展与评估, 2009 (4)：32.

应多样化的环境与社会多样化的需求。就教育自身而言，教育是一个非常复杂的系统，包括各级各类教育及各级各类教育中发展水平不同、个性各异的受教育者，只有以多样化的教育模式才能实现多样化的教育任务。在教育系统中，任何一种模式都是有局限的，试图用某种单一的教育模式来应对社会多样化的需求与教育多样化的任务，是不可能达到预期效果的。

第四，交互教育模式的中介性。交互教育模式是交互教育理论与实践的中介，《国际教育百科全书》中指出："模式可以被建立和被检验，并且如果需要的话，还可以根据探究进行重建。它们同理论有关，可以从理论中派生，但从概念上说，它们又不同于理论。"❶ 也就是说，教育模式需要理论的指导而具有理论性。同时，它也不是直接的教育实践，但却必须能直接指导和规范教育实践，并直接接受教育实践的检验，而具有很强的实践性。因此，这三大交互模式是民族信息交互教育理论的具体化，具有可操作性，它是民族信息交互教育理论与教育交互活动之间的桥梁。

一、比较交互模式

比较就是分辨事物异同、高下、优劣等区别。比较既是我们认识事物的一种方法方式，也是人的一种能力，在人与人的交互交往活动中，比较的思维方式是一种必须的方式，比较能力也是一种必须的能力，它包括了理性与感性的比较、理论与经验的比较、认识与实践的比较三大方面。

在开放社会中，比较交互方式与能力的必要性在于，现今社会的开放性打破了传统的物理空间限制，使得全球各种不同的意识形态可以在一个空间或时间上汇聚、碰撞，信息传播在一定程度上脱离了国家、学校、教师的控制，多元的网络文化信息在拓展人们的知识视野、拓展思维空间的同时也对人们的价值观产生了巨大的影响，人们的价值观呈现多元化的趋势。同时，网络又是一个双向技术平台，让我们获得积极信息和价值取向的同时，也使人们的价值观和理想信念产生不可低估的负影响，加大了教育者的引导难度。网络空间里，共享资源丰富，多种价值观念并存，多元

---

❶ 托斯顿，胡森．国际教育百科全书（第6卷）［M］．贵阳：贵州教育出版社，1991：242.

的网络信息在拓宽大学生的知识视野、拓展思维空间的同时，良莠不齐的信息通过手机、电脑、电视等现代传媒对人们的价值观造成冲击。特别是有些信息内容与我们的主流意识形态和价值观相背离时，会严重影响人们正确人生观、价值观的确立与实现。同时开放环境中充斥的低俗视频、图片和影视作品等，通过网站、微博、微信、QQ 等传播并影响受教育的信仰构建，不利于营造受教育者的健康成长环境。面对开放社会中的双重影响，我们只能在交互教育的过程中，对交互的内容、交互中介、交互形式等进行分辨，只有通过分辨、鉴别后才能减少开放环境下的负面因素。因为比较是人们获得正确交互价值观的关键环节，是前提和基础。比较能使交互主体从各种交互中引发出理性的思考，进而不断地对多元交互价值观进行选择。交互主体在比较的过程中，不断发现和消除消极负面的交互价值观，积累交互的积极因素，以保证正确交互价值观的获取，进而保证交互的成功。因此，比较的交互方式与交互能力成为开放环境下民族信息交互教育必要、稳定的交互模式。

比较交互模式就是在开放环境下，民族信息交互教育以多元价值观为核心，通过分辨多元民族信息的方式，对受教育者进行比较能力培养的、较为稳定的教育样式。首先，比较必定是在多个价值观之间进行的，那么在比较教育模式当中，受教育者要对哪些价值观进行比较，这就要发挥教育者的主导作用了。教育者保证受教育者所进行的比较是有效的，这样才能实现真正意义上的比较。在实际生活当中，一些价值观在人们思想意识领域当中相互有斗争交集甚至相互斗争激烈的价值观，并且这些价值观对人们的价值观领域产生了较大的影响并具有一定的迷惑性，有一定的接受群体。并且，在人们的价值观领域当中已经同社会的主流价值观产生冲突并引发人们的争论。需要进一步对它们进行剖析，并掌握其本质。只有将这些价值观进行相互比较，才能使受教育者在比较当中明确各种价值观的本质、特点与表现形式，才能使受教育者真正认识到错误的价值观其错误之处和它们带有迷惑性的表现形式，才能使受教育者明确自己价值观交互的方向，这样的比较才是有效的。否则，将一些已经"盖棺定论"的价值观拿来比较，根本起不到比较的作用，比较也就变得没有意义，更不具备说服力。因此，教育者必须保证价值观比较的有效性。其次，在比较民族信息交互教育的模式过程当中，教育者要充分调动受教育者的自主性和自觉性，让他们积极主动地对价值观进行比较，给他们营造开放、宽松的环境和空间，使他们能够真实表达自己的看法和观点。只有在轻松、愉快的环境当中，受教育者才能够而且也才愿意主动地表达自己真实的想法，才能够做出最本真的比较，主动性才能够被真正调动起来，这样才有利于比较交互模式的开展与进行。同时，只有受教育者实现真正的自主比较，教育者才能真实地掌握受教育者之前所接受教育的程度及其思想状况，才有利于有针对性、有重点地实施民族信息交互教育。最后，对受教育者通过比较所做出的交互结果，教育者应当客观地分析和评价。开放环境当中，每个人的自我意识明显提升，每个人都希望能够最大限度地展现自己的个性，实现自身的价值，同时每个人的自主性也日趋增强，因此，对自我的认可度也日益提高。如果教育者对受教育者的交互结果不能够做出适当的分析和评价，很容易影响民族信息交互教育的教育效果，有时候甚至事与愿违。对受教育者的交互结果给予科学的分析和评价，也有利于受教育者对自己的交互结果进行反思，从而有利于受教育者之后的比较和交互，有利于民族信息交互教育的开展和实施。

二、竞争交互模式

简言之，竞争就是个人或集团为了自己的利益与别人争胜。竞争已成为社会最重要的力量之一，它能够促进社会诸多领域的进步。在国际化、全球化的今天，竞争无处不在，无论是对于争夺市场的各个企业，还是对于满足社会需求的各个社会组织。为了向客户提供高端产品和服务，每个组织都需要制定自己的竞争计划。竞争已经跨越了地域界线，各个国家必须通过竞争保持其现有的繁荣，同时，竞争还遍及社会的各个角落，包括艺术、教育、医疗保健和慈善事业等有众多需求但缺乏资源的领域。

竞争是一种广泛存在的社会现象，教育竞争则是这种现象中的一种独特表现形式。不论从哪种意义上看，教育竞争都具有竞争现象的一般特征，即同类比较、选择取舍和功利性目的。然而，由于教育是一种专门培养人的活动，是实现人类自身生产的过程，所以和其他社会实践相比较，在很多方面都具有自己的特殊性❶：第一，竞争主体的复合性。这种复合性不仅可以表现在学校、地区乃至国家之间，而且更重要的是可以表现在教育活动主体的双边性上。教育竞争只有在教育过程之中才能得到表现。所以说，教育竞争通常是在教育者和受教育者的协同活动中进行的。他们共同构成教育竞争的主体，没有教育者或没有受教育者参与的竞争都不是真正意义上的教育竞争。第二，教育功利的特殊性。教育功利的特殊性在于这种功利是有限和无限的统一。说教育功利是有限的，这是因为在一定条件下，社会对教育活动所能付与的功利报酬（如更多更好的教育机会、更理想的工作岗位，等等）是有限的。因而，在教育竞争中也必须实行一种优存劣汰的选择取舍，这与商品生产竞争存在一致性；说教育功利是无限的，这是因为教育给人们的功利并不限于更好的教育条件或更优厚的物质报酬等有形的表现，教育的功利还在于能满足人们自我完善和发展的需求，丰富人们的精神生活。这种功利在很大程度上不受社会选择的限制，而是以一种无形的主观体验的形式得到表现。第三，主体与功利之间的可分离性。一般情况下，在体育竞争、生产竞争中，竞争的主体与竞争带来的功利总是保持必然的直接的联系，即竞争活动的主体必然是主要功利的直接占有者。然而，在教育竞争中。竞争的主体并不必然占有主要功利。就教育内部来说，竞争中最主要最直接的功利便是教育机会，这种功利的通常表现形式就是升级或升学，我们看到，受教育者是教育机会这种功利的主要占有者，而作为竞争主体的教育者与之并不发生直接联系，也就是说教育竞争的主体与教育功利呈现一定程度的分离。

　　开放社会中民族信息交互教育同样具有竞争的一般特征和教育竞争的特殊性，但是，在开放环境下就竞争交互模式而言，是在以多元价值观为核心的同时，通过竞争的手段，对受教育者进行竞争意识与竞争能力培养的教养样式。在竞争交互模式的实施过程中，应注重两方面因素：首先，

---

❶ 李文长.教育竞争三议 [J]. 教育研究与实验, 1988（4）：25

教育者要设置公平、合理的竞争机制，营造良好的竞争氛围和环境，而不是随意地开展受教育者关于价值观的竞争。要保证竞争的公平性和公正性，教育者要提前制定价值观竞争的合理的竞争机制，尽可能地具体和细化，越具体越细化，可操作性就越强，竞争的科学性也就越强。例如，关于价值观的竞争可以从价值观的代表人物、主要观点、具体内容、表现形式、在实践中的作用等方面进行，也可以针对某一类价值观的不同分支观点开展讨论和辩论。竞争交互模式的公平合理还体现在竞争交互模式的实施过程中，应当使受教育者在辩论和讨论时充分表现自我，体现其自主性和能动性，只有自主地、积极主动地投入到反复的、激烈的辩论和讨论当中，受教育者才会对结果印象深刻，才会从自身内部接受其结果。其次，在竞争交互模式的实施过程中，教育者应当让受教育者明确开展竞争交互模式的目的，采用适当的竞争方式，从而避免为竞争而竞争，使竞争交互流于形式而达不到真正的目的。竞争交互模式的运用，其真正目的是让受教育者通过针对价值观的相互竞争，在竞争当中明确各种价值观的本质和表现形式，从而让受教育者通过自主竞争，自觉地交互正确的价值观，明确了这一目的，才能实现竞争交互模式的价值。同时，教育者在竞争交互模式的实施过程当中，应当正确引导受教育者进行辩论和讨论的重点，避免辩论和讨论偏离中心，对受教育者产生误导和错误的影响。

三、实践交互模式

简言之，实践就是用实际行动去做某些事。对于什么是实践，唯心论和旧唯物主义都有自己的规定，唯心论把实践规定为"内省体验""道德修养"。❶ 旧唯物论，特别是费尔巴哈的唯物论，把实践理解为消极的感性直观。马克思主义把实践规定为"社会实践"，并指出无论任何人要认识什么事物，除了同那个事物接触，即生活于（实践于）那个事物的环境中，是没有法子解决的，如果要直接地认识某种或某些事物，便只能参加于变革某种事物的实践斗争中，这样才能接触到那种事物的现象，也只有

---

❶ 赵永茂主编. 毛泽东哲学思想发展史稿 [M]. 长春：吉林大学出版社，1988：121.

亲身参加变革现实的实践斗争中，才能暴露那种事物的本质而理解它们，你要知道梨子的滋味，你就得变革梨子，亲口吃一吃。❶ 这揭示出了实践在认识过程中的一大重要作用，即实践是认识来源，首先，实践为认识的产生提出了需要，为认识的形成提供了可能，并把这种可能变为现实，实践是主体与客体在认识过程中发生相互作用的必要环节。作为主体的人只有在实践中，才能从客体处获得各种各样的信息，使客体的内部本质和规律显现出来。其次，实践在认识过程的另一重大作用在于，实践还是认识发展的动力，通过实践揭示出来的规律，为认识上的新问题积累了经验，还不断地提出认识的新问题，推动人们认识的向前发展。并且在实践锻炼的过程中，主体的认识能力获得了提高，推动了主体认识能力的发展。再次，实践还是检验认识正确与否的标准。因为，一方面人的认识没有超出主观思想的范围，不能确认自身认识是否与客观现实相符合；另一方面，客观事物存在于人的意识之外，不具备把人的认识同客观现实加以对照的能力，不能直接回答人的认识是否正确，只有实践具有直接现实性，能直接回答人的认识是否正确。最后，在人的认识过程中，实践是我们认识的目的。我们要去认识某一事物，目的不在于事物本身，而在于认识事物的本质，以便于我们能更好地去改造客体，更有效地去指导实践。

开放社会中民族信息交互教育的实践交互模式，是我们获取多元价值观和检验多元价值观的重要途径，因为实践交互是开放环境下多元交互价值观的来源、目的、动力和检验标准。简言之，实践交互模式就是在以多元价值观为核心的同时，通过实践的手段，对受教育者进行实践能力培养的教养样式。当前的人类社会正在进入一个新型意识兴起的时代，互联网技术、社区网络、文本和视频文件、维基百科和博客让我们很容易地共享我们的个人经历，某一天甚至能够共享五官的感觉。但是这些可共享的信息和资源必须要我们主动去共享才可获取，也就是说开放环境下的多元信息需要我们具有交互意识，并把这种意识付诸行动后我们才能获得多元的交互信息及价值观，否则这些多元信息依然不会和我们发生联系，在这个

---

❶ 刘敬东编著. 实践论·矛盾论导读 [M]. 北京：中国民主法制出版社，2011：37.

交互实践的过程中，我们交互的目的并不在于交互本身，而在于让我们利用交互中获得的多元信息和价值观更好地去交互，即实现我们的多元交互价值。同时我们在交互实践的过程中，积累了很多新的多元信息，也积累了很多新的交互问题，以推动我们不断地去解决新的交互问题，并在解决新问题中提高交互主体对多元民族信息的择决能力，学会用交互这一实践过程去衡量我们已获取的多元信息和价值观是否正确，对多元价值观进行鉴别、筛选，构建起正确的价值观体系，以更好地指导我们的交互实践，保证交互的成功，从而在提高我们实践能力的过程中，让我们的交互能力获得提升。

实践是检验理论正确与否的唯一标准，只有在实践活动当中，当理论与实践相结合的条件下，理论的正确与否才能真正地显现出来。受教育者通过具体的实践环节，可以从中得到第一手资料来证实各种价值观的真伪，也更加明确自己价值观交互的方向和目标。首先，在实践交互模式当中，教育者应当让受教育者将自己所交互的价值观自觉主动地、真正地运用到实践活动当中去，遵循自觉主动的原则，充分发挥受教育者的自觉意识，只有这样，在自觉主动地实践基础之上，才能真正实现实践对其价值观交互的检验；只有在自觉主动地实践基础之上，才能使受教育者真正认识到自己所交互的价值观是否正确科学；也只有在自觉主动地实践基础之上，从实践结果当中提炼和总结的新的理论才能被受教育者自觉纳入自身内部的思想意识领域当中。其次，要实现实践检验真理的价值，在实践交互模式的实施过程中，教育者应对实践的结果进行科学评价，帮助受教育者正确地分析实践检验的结果，并对实践结果进行正确的引导。实践对理论的检验结果，无非有两个方面：第一，经过实践检验理论是正确的、科学的，面对这种结果，教育者应当正确提炼和总结，让受教育者认识到正确价值观对实践的正确指导作用，坚定受教育者价值观交互的信念，帮助受教育者确立、巩固和完善正确的价值观。第二，经过实践检验理论是错误的、片面的，面对这种结果，教育者应当帮助受教育者正确认识错误的根源，让受教育者理解错误价值观的本质，促使受教育者自觉主动地交互正确的价值观，避免错误价值观的影响。

开放社会中民族信息交互教育的内容与重点

第一节　交互意识的启迪

做任何事与在任何行为发生之前，都必须有一个前提，即意识的产生。意识是行动的指南，要有行为上的改变，必须先实现意识或观念上的改变。在根本上说，交互意识的启迪是让人们认识到在个人生存与发展过程中，交互的必要性和交互的必然性，让人们自觉、主动地实现自我交互。只有这样，才能实现人们交互能力的培养和真正意义上的提高。在开放社会中，交互无处不在。显然，时代发展要求人们必须具备交互的能力，个人的发展也要求人们必须具备交互的能力。然而，人们只有具备交互的意识才能够自觉、主动地去培养和锻炼自己的交互智慧。因此，我们可以肯定，交互意识的启迪与交互智慧的强化是民族信息交互教育实施的前提。

一、强化交互意识

当前的人类社会正在进入一个新型意识兴起的时代，互联网技术、社区网络、文本和视频文件、维基百科和博客让我们很容易地共享我们的个人经历，某一天甚至能够共享五官的感觉。这种类型的意识我们还不能叫作集体意识，但是正变得远远超出个体意识的范围，而且通过便携式通信装备和互联网正变得可以在全球实现。至于现在，我们可以把它叫作"交互意识"，通过即时了解他人的思想观念并随着这种趋势不断扩展，我们对世界上事物的感知正在扩大。

今天，人们感受世界的方式与五年前或者说与两年前已经大不一样。在那个时候，新技术使人们可以累积信息，可以通过集体活动获取更多的知识，这些新技术就包括能够使网民将他们的信息公布在网上的网络手段。在多种渠道的交流媒介中，不断有新话题被产生、更新和讨论，通过这些媒介，人们可以更加迅速地获取新信息，对事物的了解也不断增加。关于当地社区甚至是世界的知识，正通过无数人对思想观念的共享而不断得到改变。这些观念或者互相支持，或者互相调和，通过这种不断增加的集体能力，每个人都受到了新方式的影响。哥伦比亚大学米歇尔·大卫说："因为每个人之间存在'交互意识'行为，从而产生大量具有社会意义的思想观念。"❶ 交互意识与我们通常所说的"集体意识"不同。集体意识涉及群体内的思想交流，但在这个群体内部，个人之间没有积极的或者有意的交流行为。交互意识是一种当人们积极联系以参加可以通过通信设备而接触的思想、观点和意见的全球社区时，个人所经历的社会意识的形态。多渠道的通信技术给予个人接触大批人思考东西的能力，及同时进行互动和交流以逐渐达成共识的能力。当技术发展，在线信息的容量不断扩大，个人在某一天可能还会有兴趣体验其他人触觉、嗅觉、味觉等真正的感受。对现在来说，交互意识通过交流思想、观念和意见以及通过体验音频和视频来吸引人们。体验交互意识能够抵消局外信息的影响的部分原因是集体交流的规模，集体交流可以涵盖具有全球不同文化背景的人——人们交流基于不同文化价值的思想，和那些支持或者调和具有不同文化的人的意见的思想。多种人进行的大量交流能够逐渐加强世界之间的了解和理

---

❶ ［美］克莱·威尔逊. 心理战策略必须作出调整应对交互意识时代［EB/OL］. 知远, 小川编译, http：//www. china. com. cn/military/txt/2010 - 05/12/content_ 20026357. htm.

解。交流促进了个人思想的成熟，并且增加了对于看起来统一的思想的抵制能力。交互意识还源于另外一种力量：思想的自发性和不可预见性以及近乎实时的通信速度。很可能，这种源自集体讨论和快速交流的力量最终会驱使人类达成更加全球化和非地方化的对于问题的共识，减少认知障碍，促进相互了解。

交互意识如此巨大的力量必然推动人在交互之中去发展，去生存，在职业的交互、配偶的交互、文化的交互、思想的交互、价值观的交互中生存发展。在启迪交互意识中，要认识到，任何一个交互的发生，总是不能脱离具体的时间和空间的，即总是发生在一定的境况之下的，这种境况是不依赖于人的主观意志为转移的客观存在的总和，即人所存在的一定的社会当中，生产力发展水平、社会历史条件及各种现状的总和。因此，任何交互都不是无条件的，都不是空穴来风，而是受一定的客观物质环境制约的。所以说，每个人要进行的任何交互必须符合客观规律，否则就无法交互，更不要说交互的实现。我们还应认识到，人们的交互所采取的方式方法和手段也都具有客观现实性，任何交互的发生和实现都只能在其所处的客观现实的范围之内。人的交互的主观能动性并不能无限的发挥，而总是同客观现实有着紧密的联系，而且只能符合客观规律而不能违背。由此可看出，从交互的发生来看，交互本身是为了满足人的需求（物质需求和精神需求），而这些需求都来源于客观现实，来源于人的意识对客观现实的反映；从交互的目的来看，交互是为了实现和肯定人的自我价值和意义；从交互的过程来看，交互所采取的方式方法都是以客观物质为基础；从交互的实现来看，交互必须在实践过程中才能得以实现。可以说，从交互的全过程来看，交互必须在一定的客观条件下进行，它不能脱离客观物质而存在。人们在交互的过程当中，必须认识到交互的客观性，必须实现主观愿望与客观现实的相统一，这样交互才是有意义的交互，交互才会实现。其次，交互的主观性。交互是人有意识有目的的活动，在交互活动过程中，人的需要、欲望、愿望是交互的内在动力和根据，只有当人有了某种交互的需求，才会提出和实施某种交互。我们知道，客观条件会限制人们的交互，同时人们的主观需求也会限制人们的交互。当然，我们也要看到，人的主观需求是随着人的自我意识的逐渐发展而产生的，人在婴儿时期，他的自我意识并没有确立，因此不能做出自我交互。随着人的自我意识的发展、接受教育的过程和经验的增多、自我的实践活动日益广泛，人们的交互能力才逐步提高，自我的需求才产生并增多。在现实生活中，我们经常看到，对于相同的问题，不同的人会有不同的理解和处理方式，因此，在面对同样的交互时，不同的交互主体也会做出不同的交互，有的交互能够实现，有的交互无法实现；有的交互是正确的，有的交互是错误的。这说明在交互活动中，人的主观能动性的发挥对交互有着重要的影响作用，是不容忽视的，如果主观能动性的发挥符合客观规律，就会做出正确的交互，使交互得以实现；相反，如果主观能动性的发挥不符合客观规律，就会导致做出错误的交互，使交互难以实现。因此，交互本身就是主体在实践活动中自我肯定和自我否定的辩证统一，也是主体的自我交互合规律性与合目的性的辩证统一。自我肯定与自我否定的辩证统一是指人作为交互的主体，通过自我交互，不断地实现自我的满足和完善，是对过去自我的一种否定和对现在自我的一种肯定，但是这里的否定不是全盘否定，也不是同过去完全割裂，而是一种扬弃。合规律性与合目的性的辩证统一是指任何一种交互都是有目的的，都具有一定的目的性，当然这种目的性是直接来源于人的主观需求，但是这种主观需求必须符合客观事物发展的规律，否则交互将无法实现，因此，任何一种交互都必须满足合规律性与合目的性的统一，才能够成为现实。❶

交互自人类社会产生之初就伴随着人类社会的发展，交互是人类特有的生存方式，交互是人们认识和改造世界的必然途径，交互是国家、个人发展完善的必由之路，要实现个人自由而全面的发展，强烈的交互意识是必不可少的。尤其在开放的环境下，更应强化人们的交互意识，否则将无法适应社会，无法生存和发展。

---

❶ 王晓菲. 开放环境下的选择教育 ［M］. 北京：人民出版社，2014：84.

二、启迪交互智慧

何谓智慧？智慧（狭义的），是高等生物所具有的基于神经器官（物质基础）一种高级的综合能力，包含感知、知识、记忆、理解、联想、情感、逻辑、辨别、计算、分析、判断、文化、中庸、包容、决定等多种能力。智慧让人可以深刻地理解人、事、物、社会、宇宙、现状、过去、将来，拥有思考、分析、探求真理的能力。与智力不同，智慧表示智力器官的终极功能，与"形而上谓之道"有异曲同工之处，智力是"形而下谓之器"。智慧使我们做出导致成功的决策，有智慧的人称为智者。❶ 开放环境下的民族信息交互教育，需要教会受教育者能交互与会交互。能交互与会交互就是一种交互的智慧与策略。在一个人类交往日益频繁、相互之间日益开放的社会，任何一个民族的文化都不可能也不应该孤立封闭地发展。"当今的世界是开放的世界。全方位的经济交往、社会交往必然伴随着全方位、多层次的认知交往和文化交往。不同价值观念之间的民族进行文化交流和观念碰撞，能够促使狭隘封闭的文化心理向宽容的、开放的文化观念转化。当今世界，任何一种文化的发展都离不开对其他优秀民族文化的汲取，并且无一不以其他优秀文化的发展为前提。"❷ 每个民族的文化都是全人类文化的有机构成，每个民族的文化都是自身民族性与人类共同性的有机统一。所以我们在强调文化民族性的时候必须要看到文化全球性。异中有同，求同存异。而要达到这个目的，是需要互相在交互中去掌握一套交互智慧与交互策略的。

这种民族信息与民族文化的交互活动整个过程，从需求的产生到交互的实现过程中，往往会有诸多可能性的出现，在这些可能性出现的时候，我们就会对这些可能性做出预测和估量，由于可能性并不是现实性，我们的预测和估量往往也是在以往经验的基础之上的主观能动性的发挥，这种主观能动性的发挥会导致两种结果的出现：一种是主观能动性发挥的恰

---

❶ 百科词汇.智慧［EB/OL］.http：//baike.baidu.com/link？url＝q2Xsg82－CQNwQO0dm VMUv4L_4C4pr56UBCNERuQpMYzqaSndpr4cNLFG0WNCbrdpFRnPRN2PncUfLm90SYiyh3q.

❷ 姜建成.试论21世纪马克思主义发展的实践取向［J］，马克思主义研究，2002（5）.

当，符合客观规律，则交互成功；另一种是主观能动性的发挥不恰当，违背了客观规律，则交互无法成功。这就要求我们在进行交互时对于主观能动性的发挥要把握得当，其中充满着交互的智慧。

启迪交互智慧，首先，交互当中充满智慧，任何交互都必须满足两方面的条件：客观实在所提供的条件、主观方面所提出的需求。只有在主观需求符合客观条件的前提下，即客观条件通过人的交互活动可以满足主观的需求，交互才能成为可能并从可能转化为现实。客观条件是不以人的意志为转移的客观实在，但是主观的需求是可以通过人的主观意志调节的，因此，交互的智慧就通过人们交互活动中的主观能动性的发挥而体现。交互活动中的主观能动性的发挥主要在交互过程意识的确立和采取何种交互方式的过程中，例如，不同的人有不同的需求，同一个人在其发展的不同阶段也有不同的需求；面对相同的交互，不同的人会采取不同的方法和方式。但是，有的人的需求通过其交互可以满足，有的人则不能；面对相同的交互，采取不同的方法和方式往往会使交互结果大相径庭。可见，在交互过程中，如何发挥主观能动性是因人而异的，这也就告诉我们，提出什么样的需求和采用何种方式交互，对于交互的实现也是非常重要的。其次，在交互过程中，我们要提出正确的需求和采用科学的方法进行交互。提出正确的需求是指我们要进行什么样的交互，即交互的方向问题，在交互主体产生某种需求时，我们应当结合客观实际认真思考，这种需求是否能够通过我们的交互而实现，如果能，我们要通过交互努力实现；如果不能，我们要正确面对，放弃这一需求。在交互中采用科学的方法也至关重要，如果方法不得当，不仅不能满足需求，还会与交互的初衷背道而驰，造成不必要的损失。确立交互意识时，我们要对客观实际和主观需求做出正确的分析和判断，而不是盲目地作决定，这样才能避免主体进行交互之后带来的负面影响，才能避免主体失去自主交互的信心。

要保证主观能动性在交互活动过程中的恰当发挥，我们应当掌握科学的方法对自身所处的主客观环境进行分析，即运用马克思主义的唯物辩证法进行分析和把握，把握好人生发展过程中的机遇。机遇一般指时机、机会，对机遇的把握是主体对主客观的环境发生变化时关键环节的把握。机遇的出现并不是经常性的，它是在一定的空间和时间范围内才会出现，是事物发展过程当中的重要环节和关键点，所谓做出正确的交互，就是在对机遇的把握上充分发挥主观能动性。机遇的产生不能离开主体主观能动性的发挥，也不能离开主体交互的智慧，它充分体现了人类社会自我发展的历程，同时，随着客观环境的变化和人们认识和改造世界能力的提升，要求人们交互的综合能力会越来越强。可见，启迪交互意识很关键的是要启迪交互的智慧。❶

第二节　交互重点的彰显

一、在民族性中彰显国家性

交互一词的含义在一个侧面上可以理解为不同的人在生活方式、生活习惯、价值观念等各方面变得相似、类同。当用于民族信息交互这一特定问题时，交互的含义大致相当于适应，只是两者的侧重点有所不同，交互强调了双方乃至各方、主要是各个族类与当地社会之间的融为一体，这是一个双方的冲突不断趋于平缓、不满日益减少、归属感与认同感逐渐增多的过程；而适应则侧重单个民族方面，在交互的过程中，各民族与各个个体必须学习新的生活，掌握新的技能，改变已有的某些习惯和观念，才能适应新的环境，包括自然环境和人文环境。虽然交互的活动也会影响到当地的社会，但是，在一般情况下，当地社会对各族人民的影响要远远大于人们对当地社会的影响，因此，对于各族人民以及各族人民中的个体而言，交互的过程就是适应的过程，各族人民以及各族人民中的个体通过改变自身以适合当地社会。因此，在交互过程当中，应当突出重点即把握好关键性的交互。其中价值观的交互就是当中最关键的交互。

价值观是人们通过对自我存在的反思而形成的一种对价值的根本看法和一般观点。价值观在人类发展、社会进步以及个人的人生中占有非常重

---

❶　王晓菲. 开放环境下的选择教育 [M]. 北京：人民出版社，2014：86–87.

要的地位，发挥指引的作用。如果失去了价值观的指导，人类将无法发展，社会将无法进步，个人将无法生活。无论人们能否意识到价值观的重大指导作用，价值观总是存在于人们的思想观念中，并对人们的思想和行为进行着指导。当今开放环境给各种价值观提供了相互碰撞和展示的空间，价值观领域呈现出多元化的现状，这就要求人们必须对价值观进行比较、鉴别、交互。同时，由于每个人生活环境、受教育程度、生活经历的不同，他们的价值取向也并不相同，有的甚至大相径庭。但是，并非所有的价值观都是正确的，这是由于人们并不都能客观地对自我和客观现实进行思考和反映。

在改革开放的今天，民族信息交互教育必须要突出正确的、科学的价值观在价值领域中的主导作用。在多种价值观并存的背景下，民族信息交互教育要引导人们交互吻合本民族文化特性与先进性的价值观，把这种本民族的文化特性与价值观融入国家性，即社会主义核心价值体系之中，这是我国社会主义发展的需要，是增强民族凝聚力的需要，是社会主义经济建设的需要，是个人自由而全面发展的需要。具有民族性的价值观融入国家核心价值体系中，这个要融入的国家核心价值观是集体主义价值观。我们要坚决摒弃资产阶级的价值观。社会主义核心价值体系是集体主义价值观在当代中国社会的集中体现，是我们在各种价值观交互中需要坚持的。社会主义核心价值体系要求我们必须坚持马克思主义的指导地位，用马克思主义中国化的最新理论成果武装全党、全国各族人民，用中国特色社会主义共同理想凝聚力量，用以爱国主义为核心的民族精神和以改革创新为核心的时代精神鼓舞斗志，用社会主义荣辱观引领风尚。

总之，核心价值体系作为维持一定社会存在和发展的精神力量，是一个政党的行动指南，是一个国家的主心骨和一个民族的灵魂。就我国而言，社会主义核心价值体系是社会主义意识形态的主体，是全面建设小康社会、努力构建社会主义和谐社会的根本思想基础。尤其是我国社会发展正处于重要转型期，为实现顺利转型，就必然要求建设一套具有高度凝聚力和推动力的价值体系，为我们的事业发展提供有力的思想和精神保证。在开放环境下，各族人民要实现各自信息与文化价值观的正确交互，只有在社会主义核心价值体系成为也必须成为民族信息交互教育根本内容的构成之下才能实现。

二、在多样性中彰显主导性

自十七届六中全会以来，国家就把"文化强国"的战略思想清晰纳入社会主义核心价值建设体系之中，这不仅具有重大的现实意义和深远的历史意义，还充分体现了我们国家对肩负历史使命的深刻把握、对国内外形势的科学判断、对文化建设的高度自觉。它是指导我国文化改革发展的纲领性文件，推动社会主义文化大发展大繁荣的行动性指南，丰富人们精神文化生活的战略性举措。它引领文化建设的方向，实现民族性与时代性、先进性与层次性、人民性与多样性、政治性与规律性的统一，最终实现国家硬实力和软实力的统一。文化强国，就是我们国家把文化自强建立在文化自觉和文化自信之上，推进中国特色社会主义全面发展的宏伟目标和战略部署。开放环境下的民族信息交互教育需要在这个战略部署的指导之下进行，我们要善于在这种文化建设多样性中寻找出各族人民之间的信息、文化与价值观联结点，突出正确的、科学的内核对多样性的主导作用。

第一，在民族信息文化交互中坚持终极价值与主流价值的统一。信息文化交互的终极价值是一种真、善、美的崇高境界，也是一定主体对信息文化终极价值即崇高境界的追寻。这种追求崇高的理想，献身美好的事业，完善高尚的人格，实际上是一种养智、养德、养神、养气，也被视为社会、人生的最大的意义和最高价值。信息交互、文化交互不仅要以这个终极价值为支撑，更要彰显一个国家的主流价值。所谓主流价值，就是一定时代和民族的主流意识形态的审美呈现，亦即一定社会占统治地位的思想观念的呈现。信息文化产品作为商品无疑有其使用价值和交换价值，但它的真正价值主要作用于受众的心灵、思想、情感、意志等精神层面，满足人们求真、求善、求美、求乐等精神需要，促进推动人们认识世界和改造世界的社会实践活动。如同社会生活本身既具有多样性又具有主导性一样，在信息文化产品的多种价值中也总有占主导地位的主导价值。一般来说，思想、道德、认识、教育常常居于价值的主导地位，当然也要同审美、娱乐价值融合起来才能发挥其主导作用。因此，民族信息文化作为社会主义精神文明建设的一个重要组成部分，理应以艺术的审美方式彰显当代中国的主流意识形态和社会主导价值——中国特色社会主义理论体系和社会主义核心价值体系，为此，我们应以丰富多样的题材彰显主流价值。社会生活多姿多彩，民族信息文化的繁荣、复兴也应以题材的丰富和多样为标志。这就是弘扬主旋律与提倡多样化的统一，在多样化中彰显主导性。在信息交互与文化交互中，遵循创造的规律，艺术地反映我们党带领全国各族人民进行革命、建设和改革的历史和现实，深刻揭示社会生活中错综复杂的矛盾和斗争，热情地肯定、歌颂和赞美爱国主义、集体主义、社会主义思想和艰苦奋斗、无私奉献、开拓创新精神以及一切真善美事物，无情地否定、揭露和批判拜金主义、享乐主义、极端个人主义和官僚主义以及一切假丑恶现象。既要深刻反映实现改革开放和社会主义现代化的艰巨性、曲折性和复杂性，揭示伟大的历史变革在人们精神世界所引起的深刻而丰富的变化；又要以鲜明生动的形象体现主流价值，承载人生感悟，表达思想观念。从而帮助人们坚定社会主义事业的理想信念，使广大人民群众感奋起来、团结起来，为把我国建设成为富强、民主、文明、和谐的社会主义现代化强国而奋斗。

第二，在民族信息文化精品交互中强调国家主流思想的引领作用。思想是文化的灵魂。任何民族信息与民族文化的交互，只有灌注了思想的灵光，才会有益于世道人心。既能满足人类的物质与精神需要，又能提高人类的生活质量；既是民族与人心的寄托与凝聚，又是对真理的接近与拥抱；既是心智与人性的拓展、积累、结晶与升华，又是历史的庄严与世界的光明与温暖的源泉。因此，民族信息与文化首先是思想的结晶与积累。任何优秀民族信息文化产品在本质上都是教人向美、向善、崇德、崇智，激扬民族精神与时代精神的永不枯竭的思想结晶。民族信息文化精品交互是民族文化复兴、经典应运而生的重要契机与标志。所谓精品，就是思想性、艺术性、观赏性相统一并获得市场认可、读者赞赏、历史检验的作品。古往今来一切艺术经典和传世之作，都是因读者的承认和喜爱，才最终获得历史地位。首先，民族信息、民族文化必须要有思想的意蕴。伴随着市场经济的深度发展与社会转型，民族信息与民族文化的消费大潮汹涌蔓延。这种愈演愈烈的信息文化商品化和消费化潮流，一定程度上造成了人文精神的失落和价值观的迷乱。既然人是文化存在的根本，信息文化发展的终极目标是为了人的更合理生存。那么，我们就要赋予民族信息、民族文化以相对的思想意蕴，并充分利用市场机制和竞争手段对精神生产的积极影响，通过市场经济的刺激、疏导和推动，促使民族信息、民族文化获得较好的社会效益和经济效益，又使民族信息、民族文化产品的利益和审美属性、功利性和思想性达到相对的融合，催生思想性、艺术性和观赏性相统一的作品，从而实践民族文化的自强。其次，民族信息文化精品交互必须要有思想的引领。帕斯卡尔说："人的全部尊严就在于思想"，而思想的引领又是民族信息与民族文化的基本诉求。人民群众在生产生活中创造了特定的信息文化，根本目的就是要以艺术的方式探寻人类解放自我的精神路径，在审美体验中发现"真"与"善"的方向，生发出源源不断的、积极向上的牵引力量，激发人们在创造丰富物质世界的同时，缔造光明美好的精神世界，从而使人的本质力量得以充分显现，最终实现人的自由而全面发展。在这个过程中，人们面临民族信息与民族价值观交互的现实问题，迫切要求社会主义核心价值体系发挥其社会主流价值观的主导作用。社会主义核心价值体系是我们进行改革开放的一面鲜明旗帜，它为社会发展和个人发展指明了正确的方向。无论社会思想观念如何多样、人们的价值取向如何易变，社会主义核心价值体系的主导地位是不能动摇的。只有这样才能避免社会发展和个人发展在多样性的环境中迷失方向，才能保证建设中国特色社会主义伟大事业的顺利前进和个人的全面、健康发展。

三、在广泛性中彰显先进性

在开放社会中，交互必须在主观需求和客观环境相统一的情况下才能得以实现，要实现主观要求与客观环境相统一，就必须要求人们在思想观念上保持与时俱进，不断用先进的、正确的思想武装头脑，交互先进的价值观。

现今整个世界进入信息化的浪潮中，社会是一个开放之社会，环境是一个开放的环境，随着互联网的快速发展和新的智能通信设备的研发，信息的交流已经成为非常容易的事情，各种信息都可以在几秒钟之内传递到世界的各个角落。在这样的环境下，"交往的主体由面对面的交流，转变为主体对某种可以脱离于主体而存在的媒介。"❶ 在经济结构、社会体制、科学技术等发展下，人们的思想意识领域也变得复杂多样，人们的需求越来越多，交互范围也日益广泛。同时，人们自我意识的觉醒、自主意识的提升、交互能力的增强，使人们越来越想在更广阔的空间当中，实现自我价值，人们越来越注重自主交互并自觉承担交互后果，他们对自我有着无比的信心，他们不再想人云亦云，他们想彰显个性。因此，实现自我交互是现代社会中自我完善和发展的必然，也是自我成熟的标志。例如，现今人们之间的交流可以通过网络聊天、手机短信、微信、微博、固定电话、移动电话、可视电话、信件等方式进行，比之前人们之间的交流方式多许多。当然，人们可以通过主观能动性的发挥从广泛的交互对象当中选取最科学、最便捷、最合理的一个选项，这种科学、便捷、合理则是通过这一交互对象优于其他交互对象的特点表现出来，即它的先进性。❷

先进性即一事物在与其有可比性的事物进行相互比较的过程中，体现出的先驱、先导和先锋的特别属性。在广泛性中彰显先进性，是指人们在信息与价值观的交互过程中面对广泛的交互对象时，应当突出对先进价值观的交互——社会主义核心价值体系。这样，不仅可以满足人们的交互需求使交互实现，同时还能够保证交互的生命力，从而使我们达到自身的不断进步和完善。改革开放以来，伴随社会经济结构的变化，在全球化背景下各种社会思潮、价值观念、生活方式的冲击下，人们的价值判断在广度、深度上都发生了根本变化，由此导致了社会价值观的多元化。面对如此情形，进行民族信息与民族文化的创新型交互在很大程度上是文化强国

---

❶ [美] 弗里曼. 社会网络分析发展史——一项社会科学的研究 [M]. 北京：中国人民大学出版社，2008：12.

❷ 王晓菲. 开放环境下的选择教育 [M]. 北京：人民出版社，2014：94 –95.

和民族复兴的不竭动力。民族信息与民族文化的创新型交互是人类有目的地改变既有事物形态、性质或内容的一种活动。人类社会生产劳动的创造性，在人与自然关系上，表现为人工造化对自然造化的超越，提供自然不曾提供的新产品；在人与人关系上，表现为后人对前人的超越，提供前人不曾提供的新产品。整个创新过程始终都充满智慧、胆略、勇气和信念，盈荡着创造的激情、科学的理性、探索的毅力和进取的精神。任何创新，首先是对实施者的才智、勇气和探求、进取精神的检验与考验。正如马克思说的："当艺术生产一旦作为艺术生产出现，它们就再不能以那种在世界史上划时代的、古典的形式创造出来"。❶ 这就是说，任何真正意义上的民族信息与民族文化，不但应当是不断创新的，而且这种创新的实现还必须依赖于这种信息文化所生存和发展的环境、条件、内容、形式与方法的不断适应性的变化和高层次的优化。在新的时代，我们应以全球视野创新民族信息与民族文化。

　　第一，取材必须具有全球视野。当今世界虽联系紧密却又矛盾重重，复杂多变的局势为各国民族的信息文化创造提供更为丰富、深刻的社会生活资源。它需要每一位有全球视野的人去关注、去思考、去挖掘，从世界政治、经济、历史、文化、自然、艺术、宗教等各个领域去反思。吸纳世界多元文化的思想营养，掌握世界各国一切有益于人类文明进步的新知识，洞察世界各种新变化、新信息，增添文艺新质，丰富社会生活。

　　第二，创新要有民族自觉自信。这种自觉，就是树立对民族信息与民族文化的地位和作用，以及对中国文化与世界文化的关系的清醒认知，对民族文化发展规律的深刻把握；而自信，就是一种坚持坚守的从容，激起奋发进取的勇气，焕发创新创造的活力。为此，必须清醒地认识到，要使我们这条流淌了数千年的民族文化之河永不衰竭，就要不断进行疏浚，不断地吸纳活水，不断地灌注新流。为我们国家和民族历史的发展进步提供丰富的精神养料。

　　第三，民族信息文化形式需要不断创新。在全球化浪潮的推动下，整

---

❶ 胡良桂. 文化自强与文化强国 [J]. 黔山诗话，2011 (12).

个人类的生活观念、生活方式都在发生前所未有的巨大变化，尤其是人类的精神生活对新思想和新形式的要求越来越高。民族信息文化要融入世界，就必须善于运用新的手段、新的形式，表现人类新的生活、新的思想、新的情感。唯有全球视野，才能创新属于自己的新形式，这种属于自己而不会转移到别人笔下的新形式，才是中国文化复兴直至融入世界的必由之路。

总之，民族信息与民族文化的创新型交互必须坚持以马克思主义指导思想、以中国特色社会主义共同理想、以爱国主义为核心的民族精神和以改革创新为核心的时代精神、以社会主义荣辱观为基本内容的社会主义核心价值体系，这是具有先进性和生命力的。只有在社会主义核心价值体系的引导下才可以实现整个民族信息与民族文化的共同进步和发展，才能保证国家、社会、个人向着正确的方向发展。目前，在开放的环境下，人们思想领域当中的内容十分广泛、多样并且具有层次性，良莠不齐，我们更应当注重先进性的引导作用，只有社会主义核心价值体系能够发挥这一引导作用。社会主义核心价值体系从其内容来看，既体现了整个社会一致性的追求，又包含了社会不同阶层的利益需求；既坚持了先进文化的发展方向，又考虑了不同群体的思想状况。因此，社会主义核心价值体系具有先进性和整合力，是增强民族凝聚力，联结各民族、各阶层共同进步的精神纽带。在价值观的交互当中，我们应当坚持社会主义核心价值体系的先进性对广泛性的引导，只有这样才能保证正确民族价值观对人生的指导作用。

四、在发展性中彰显引领性

民族信息与民族文化作为一定的社会生活在特定民族头脑中能动的审美的反映，作为建立在一定社会领域经济基础之上的上层建筑领域的一种特定意识形态，对一定的民族社会生活和经济基础及其所代表的阶级（在阶级社会里）和群众具有巨大的能动作用和社会功能。价值是客体属性和功能满足主体需要和愿望的一种效应关系，体现在客体对主体的有利有用，有益无害上。在开放社会中，民族信息与民族文化有其使用价值和交互价值，但它的真正价值主要作用于受众的心灵、思想、情感、意志等精神层面，满足人们求真、求善、求美、求乐等精神需要，促进和推动人们认识世界和改造世界的社会实践活动。人类的社会生活是多种多样、多姿多彩的，反映社会生活的民族信息文化更是异彩纷呈、千姿百态的，其价值和功能也必然是多层次、多样性的。按其具体内涵和不同效果，民族信息与民族文化的价值可分为"认识价值和教育价值，审美价值和娱乐价值，积极价值和消极价值，现实价值和未来价值，显在价值和潜在价值"等。但是，如同社会生活本身既具有多样性又具有主导性一样，在民族信息与民族文化的多种价值中也总有一种占主导地位的主导价值。一般说来，民族信息与民族文化的思想、道德、认识、教育价值常常居于引领地位，当然也要同审美、娱乐价值融合起来才能发挥其引领作用。总体说来，民族信息与民族文化的主流价值就是一定时代和民族的主流意识形态的审美呈现，亦即一定社会占统治地位的思想观念的审美呈现。从人类社会和民族发展的历史和现实来看，古今中外概莫能外。

我国当代的民族信息与民族文化作为建立在中国特色社会主义经济基础之上的上层建筑领域的一种特定意识形态，作为社会主义精神文明建设的一个重要组成部分，理应以灵活的教育方式彰显当代中国的主流意识形态与社会主导价值中国特色社会主义理论体系和社会主义核心价值体系，为巩固和发展社会主义的经济、政治和文化，为中国最广大人民群众的根本利益服务。特别是在经济社会深刻变革、思想文化激烈碰撞，社会意识和价值观念呈现多样格局的情况下，民族信息与民族文化更应该彰显主流意识形态和社会核心价值，用中国特色社会主义共同理想凝聚力量，以爱国主义和改革创新的时代精神鼓舞斗志，巩固全党和全国各族人民团结奋斗的思想基础。为此，我们的民族信息与民族文化应该把弘扬主旋律和提倡多样化统一起来，在价值多样化中彰显主导性，按照民族信息与民族文化自身的特点和规律，艺术地反映中国共产党带领全国各族人民进行革命、建设和改革的历史和现实，深刻揭示社会生活中错综复杂的矛盾和斗争，热情地肯定、歌颂和赞美爱国主义、集体主义、社会主义思想和艰苦奋斗、无私奉献、与时俱进、开拓创新精神以及一切真善美事物，无情地否定、揭露和批判拜金主义、享乐主义、极端个人主义和官僚主义、特权思想、以权谋私、贪污受贿等腐败行为以及一切假恶丑现象。要深刻反映实现改革开放和社会主义现代化的艰巨性、曲折性和复杂性，揭示伟大的历史变革在人们精神世界所引起的深刻而丰富的变化。尤其要大力塑造有血有肉、生动感人的社会主义新人形象，特别是社会主义革命者、改革者、创业者、建设者的典型形象，表现他们的英雄业绩和高尚品格。即使反映一般历史题材，也要坚持唯物史观指导和时代精神观照，为我们今天的改革、稳定和发展提供历史借鉴和思想启示。从而帮助人们坚定社会主义事业的理想信念，使广大人民群众感奋起来，团结起来，为把我国建设成为富强、民主、文明、和谐的社会主义现代化国家而奋斗。

为了彰显民族信息与民族文化的主流价值，首先，要认真学习马克思主义理论，端正民族信息交互教育的指导思想。任何人的社会实践活动都是在一定的思想理论观念指导下进行的。思想观念正确与否，直接影响到实践的过程和效果。民族信息交互教育更是这样。民族信息交互教育虽然主要运用感性的形象思维进行交互，但一刻也离不开理性的逻辑思维的指导。我们要对那些流行的非理性、反理性思潮保持警醒，坚持用马克思主义的世界观和方法论观察民族信息与民族文化，透过现象抓住事物的本质。特别要努力学习马克思主义中国化的最新成果，用中国特色社会主义理论体系及其中的民族团结思想统领民族信息交互教育，坚持社会主义先进文化的前进方向，把握民族信息交互教育应当反映的主体和主题，热情讴歌中国共产党带领全国各族人民在改革开放和社会主义现代化建设中创造的辉煌业绩，唱响走中国特色社会主义道路，实现中华民族伟大复兴的主旋律。其次，要坚持向社会学习，贴近实际、贴近生活、贴近群众。民族教育工作者是民族信息交互教育的塑造者，了解民族、熟悉民族是第一位的工作。民族教育工作者当然应该走与各族人民群众相结合的道路，密切与人民群众联系。要改变某些民族信息出不来的状况，深入改革开放和社会主义现代化建设第一线，把握时代生活的脉搏和底蕴，体验各族人民群众的思想和感情。根据时代和民族的需要，培养新时代的了解民族信息文化的人才。最后，要遵循民族信息与民族文化规律，提高民族工作者的本领。民族信息与民族文化是民族意识形态和审美艺术的统一。真和善的思想内容通过形象生动的教育形式表现出来，才能成为教育的艺术。因此民族教育工作者不仅要有高尚的思想道德修养和丰富的生活实践体验，而且要有较好的民族文化素养和较高的信息技巧，才能通过创造性的交互，把民族信息转化为人们较容易把握的东西，使新一代的青年人在生活实践中勤学苦练，下功夫、花气力努力学习各方面的民族知识，使自己的知识结构更加丰富和完整。总之，只有坚持社会主义核心价值体系对民族信息交互的引领，才能够保障交互发展的正确方向。

第三节 交互标准的确立

标准简单讲就是衡量事物的依据或准则。从哲学上讲，标准是客观事物所具有何种意义的一种参照物。作为一种比较的对象，作为一种区分其他事物的中介，它本身的构成必须是一分为二的相互对立的两个部分。在以价值观的交互为核心的民族信息交互教育中，其交互的标准理所应当落脚于价值观交互的标准，它作为人们进行价值观交互的起点，其是否科学对正确进行价值观交互具有非常重要的意义。交互的标准不同，往往会导致不同的交互结果。据此，对于交互标准，应该从以下三方面认识。

一、注重政治标准

政治标准就是对政治的认同，强调的是民族信息交互中对政治方向、政治立场、政治路线的认同。民族交互之"交"是指民族的交往、交流，民族交互之"互"是指吸收各民族的优秀文明成果形成共同的价值导向和精神家园，就是指各民族的相互认同，并在此基础上发展成为更大的相互包容的共同体。用中共中央政治局常委、全国政协主席俞正声2014年9月16日在山东调研时强调所说的，用心用情做好新疆西藏内地学生的教育培养工作，强化"四个认同"：对伟大祖国的认同、对中华民族的认同、对中华文化的认同、对中国特色社会主义道路的认同。专家认为，这"四个认同"，对维护民族团结、社会稳定、国家统一，具有重要意义。❶ 我们不反对各民族发展带有本民族特点的文化，但多个民族联合起来形成国家共同体，必须强调要有共同的利益目标和共同的核心价值。这是各民族共同团结奋斗、共享发展成果、共建和谐社会的思想基础。

在交互过程中如何找到正确的政治方向呢？这当然需要对政治方向的本质加以认识，通过比较、辨别确立正确的政治方向。对于事物本质的认识首先要通过对其现象的把握，进而"由表及里""由此及彼""去伪存真"，最终拨云见日。政治方向根源于阶级、政党及个人的根本利益，由于利益的不同，就形成了不同的政治立场和政治方向，而这最终是根源于不同的经济基础。中国共产党革命史和我国社会主义建设史雄辩地说明，坚持共产主义、坚持马克思主义才能确保我们行动的正确方向。今天，国际政治经济文化环境和我国社会政治经济文化等各个方面都发生了复杂而深刻的变化，价值观领域的多元化和交流、交融、交锋日益激烈，这些都从不同角度、不同层面对人们的思想意识产生震荡，如果没有正确的政治方向作为保证，人们很容易陷入多元价值观的泥潭而不能自拔。一旦人们在价值观的交互过程中迷失方向、误入歧途，不仅会导致个人的人生悲剧甚至会给整个社会意识造成重创。社会主义政治方向的正确交互，是中国共产党人将马克思主义基本原理与中国革命、建设和改革的具体实践相结合的产物，是科学的和正确的政治方向，是我们应当始终坚持的。

二、把握价值标准

简言之，价值就是对需求的满足。开放社会中的民族信息交互教育其根本目的是，实现人们对正确价值观的自觉交互和确立的需求，并以正确价值观作为人们思想和行为的指导，其最终目的是要实现人的自由而全面的发展。那么在标准的确立过程中，就不得不以实现人的发展为出发点和归宿，就不得不考虑人的发展与社会发展的关系，就不得不明确个人价值

---

❶ 李志晖，余俊杰. 用心用情，促各民族"交往交流交融"［EB/OL］. http：//news. ifeng. com/a/20140917/42001254_ 0. shtml.

与社会价值之间的关系。只有这样才能保证标准的科学性与合理性，也才能发挥标准的作用。

个人价值与社会价值统一。个人的价值取向根源于个人的需要和利益，这包括其本身的需要和利益以及他在一定社会利益结构中的地位、贡献及认可度。不同的个人有不同的价值取向，这在根本上是由个人所处的客观环境的不同和变化所决定的，因此，价值取向的变化和冲突是客观存在的，正是由于存在价值取向的变化和冲突，在价值观的交互中就必须把握正确的价值标准。我国已经进入了改革发展的关键时期，经济体制的深刻变革引起了社会结构的深刻变动，同时，也使社会的利益格局发生了深刻调整，这些都对人们的价值观念和价值取向产生了深刻的影响。我们不能不承认，人们的价值观念、价值取向的变化和多样所引发的价值冲突甚至价值震荡已经是不争的事实。正确理解和客观分析当前人们价值领域中的多样化和多元化，是我们能够在价值观的交互过程中积极主动地把握正确的价值标准的前提和基础，也是交互标准确立的重要内容。

遵循等价交换价值。交互在本质上是一个社会交换的过程。人们在交往中总是在交换某些东西，或者是物质，或者是情感，或者是其他。在这种社会交互中，人们都希望交换对自己来说是值得的，希望在交换过程中得大于失或至少等于失。人们的一切交往行动及一切人际关系的建立与维持，都是依据一定的价值尺度来衡量的。

马克思主义认为，人的价值是其社会价值和个人价值的统一，个人价值的实现是以社会价值的实现为前提的，也就是说，人生价值只能在社会当中实现，脱离了社会个人价值的实现将无从谈起，这是由人的本质属性决定的。因此，在人生价值的实现过程中，要将人的个人价值和社会价值统一起来，既要注重和强调个人对社会发展的重要作用，也要关注个人正当利益和需求的满足。在确立交互标准的过程中，把握价值标准实际上就是要求坚持个人价值和社会价值的统一。

三、强化实践标准

在交互标准的确立过程中，还应当强调理论标准与实践标准相结合，在政治标准和价值标准中，无论政治还是价值都是人类意识活动的产物，是意识的内容之一，以理论的形态而存在，但是我们知道，实质上理论是来源于客观实践并在实践当中得到检验的，因此，理论引导本身包含着和实践指导的一致性和统一性，如果理论与实践相脱离，就会成为无源之水、无本之木，成为教条，并会失去其实际意义和价值，再也无法指导实践活动的进行。交互标准的确立需要强化实践标准，这是指在价值观的交互过程中，我们所依据的标准要具备"用事实说话"的内在素养，即用实践活动的检验作为我们交互价值观的重要标准之一，因为只有实践才具备检验理论正确性的内在属性。马克思主义的实践观是基于发现了物质生产活动是人类最基本的实践活动以及在人类物质生产活动中找到了使物质性与能动性、创造性相统一的基础，在这两个发现基础之上，科学地揭示了实践的科学含义，实践是指以改造物质世界（包括改造人自身）为目的的对象化的客观物质性的社会历史活动。显然，人的实践活动是理论与实践相结合的最佳纽带，只有通过实践活动，理论才得以与实践结合，才能够在实践中得到检验，因为理论本身来源于实践，因此只能在实践当中得到检验。正因为此，在民族信息交互标准的确立过程中，要强调实践的标准，目的就是在实践当中对交互进行检验，从而保证交互的正确性。当前我们正处在改革的攻坚阶段、发展的关键时期，经济成分、利益主体、社会组织、生活方式及信息渠道的多样化使人们的价值取向越来越呈现出多样化、复杂化的趋势，很多价值观都冠以华丽迷人的外在表现形式，极具诱惑力和迷惑性，如果我们不坚持实践标准，不对其进行实践的检验，很容易深陷其中不能自拔。在价值观的交互过程中，我们应该坚持和交互什么样的价值观；反对和抵制什么样的价值观；我们判断什么是正确的价值观、什么是错误的价值观，不能简单地依据纯粹的理论或纯粹的实践经验，而必须将理论与实践紧密结合，才能正确地解决问题。我们只有在社会实践锻炼中探索正确的方向，提高辨别是非对错的能力，遵循正确的方向，才能实现正确的交互。因此，一定要强调实践标准，以确保民族信息交互的实现以及自我的健康发展和不断完善。

第四节 交互能力的培养

交互能力的培养是民族信息交互教育的重要内容，具备交互意识和正确合理的交互标准，交互主体本身的交互能力就成为能否成功交互的关键。能力，原本是心理学范畴的概念，《中国大百科全书》解释为："它是作为掌握和运用知识技能的条件并决定活动的效率的一种个性心理特征。"❶ 简言之，能力是一个人在认识和实践活动中形成、发展并能表现出来的能动力量，没有这种力量，就无法互相之间进行交互交往。据此，高校也应当将培养和提高各族人民学生的交互能力作为开放社会中民族信息交互教育的重要任务。交互能力的培养主要可通过三方面能力的培养来实现。

一、比较的能力

"比较不仅是我们认识事物的一种方法，一种思维方式，人在本质上还是一个比较人。"❷ 既然人在很大程度上是一个"比较人"，那掌握比较这种方法与思维模式就是人在其发展过程中的一个必须的不可缺少的能力。在人与人交互交往活动中，比较的能力也是一种必需的能力。从交互能力上讲，比较能力需要从以下几方面来认识。

第一，理性与感性的比较。交互主体的能力发展处在"人—人"互动的系统和环境之中，在这个系统中，无论是谁，他们都具有很强的主体性，都是交互并发展中的主体，而人的发展是感性成分和理性成分并存互助的过程。例如，人认识的发展过程就是在实践的基础上感性认识和理性认识交互作用、螺旋上升的过程。因此，关于交互能力之比较能力发展的理性法则和非理性法则都将在交互主体的身上发生影响、产生作用。换言之，交互主体比较能力的发展过程包含理性与感性双重因素：一方面，交

---

❶ 中国大百科全书出版社编辑部. 中国大百科全书（心理学）（上）［M］. 北京：中国大百科全书出版社，1991：225.

❷ 林春丽. 论比较［J］. 学术论坛，2006（2）：72.

互活动过程有各种各样的规律，交互主体作为交互活动的设计者和实施者，必须自觉地遵循和主动地利用好这些规律，交互主体的比较能力也就必然地表现为理性地利用这些规律来有效地指导自己，展开交互活动。这样，考虑这些规律对交互主体的能力发展的影响也就是必然之事了；另一方面，人与人之间的交互活动并不是一个单向传输、一蹴而就的简单机械过程，而是一个双向互动、反反复复的对话和沟通的过程。在这一过程中，交互主体的双方或多方之间也都需要细腻而丰富的情感的交流与共鸣，这就必然要求交互主体利用非理性行为法则，有效地激活自己的交往感性，以营造出情趣与理智兼具的交互情境。这样，在考虑理性因素在交互主体的能力发展中的重要作用的同时，还要考虑感性因素在交互主体的能力发展中的作用和功效。交互主体的能力就得以在理性与感性的比较交融中发展。

第二，理论与经验的比较。根据马克思主义认识论的基本观点，理性认识依赖于感性认识，感性认识是理性认识的基础；感性认识有待深化而发展到理性认识，因为感性认识只反映事物的现象和外部联系，而认识的根本任务是揭示事物的本质和规律性，获得理性认识去能动地指导实践。据此，本研究认为，无论是谁的交互实践活动，都既离不开理论的指导，也离不开经验的积累。理论和经验是交互主体的能力发展过程中的一对矛盾关系，能否跨越理论与经验之间的"鸿沟"，达成两者之间的有机统一，这是交互能力能否健康成长的关键因素之一。因为交互能力的发展，实际上是一个理论知识与个体个性化交往实践互相结合的、双向延伸的过程：一方面，理论与交互的应然状态——个体的理想相结合，生成交互理念的新质；另一方面，理论与交互的实然状态——交互主体的交互实践相结合，生成经验的新质，二者的共同作用，促进了交互主体能力的发展。通过这样一个过程，人们的交互实践活动既在操作维度上获得了经验的新质，又在观念维度上获得了理念的新质，甚至是带来了观念的彻底解放。然而，这还不是理论与实践相结合的最终结果，它们之间还存在一个反向的内在整合过程：一方面，人们通过新旧理念的碰撞和自身经验的整合，催生出适合自身实际的个性化理论；另一方面，人们在实践中获得感悟，使经验逆着理论的方向而不断累积，使人们通过对已有经验进行理性加工，梳理和概括出反映交互活动某一方面共性的、规律性的内容，并为其在横向维度向其他经验情景的迁移和应用提供保障。这一经验加工过程就是经验向理论转化的桥梁，它是交互主体的能力发展的关键环节。

第三，认识和实践的比较。要实现交互主体能力的发展，就要求交互主体一方面必须从理论和思想观念上明确并提高交互能力对个人生存和个体价值实现的意义，并形成一种持久的情感和动力倾向；另一方面要随时将这种认识和意志付诸实际行动。前者属于认识的范畴，后者属于实践的范畴。没有思想认识的提高便没有自觉的行动，而自觉行动缺失之后，再新再先进的思想认识也都失去其价值，而且只有通过具体的交互实践这个环节，交互主体的能力才能得到体现和确认。离开了实践，交互主体的能力就会失去其应有的价值，成为毫无意义的存在。因此，坚持认识和实践的统一本身就是交互主体能力比较的重要规律和必要条件，在交互主体能力发展过程中，必须认真比较并协调好认识和实践的矛盾关系。在一定的意义上，人与人之间的交互活动过程是人们根据特定情景，针对特定实际，从大脑中提取应对策略，付诸行动，并针对反馈的结果及时调整交互行为，以求得自身的过程。从这种意义上说，民族信息交互活动过程既是一个实践的过程，还是一个反思的过程。反思也是一种认识，交互主体能力发展过程中认识和实践的矛盾关系中，还包括人们的反思性认识和实践的矛盾关系。人们在交互实践中经过自主反思和认识的重新建构不断将交互实践向前推进，而交互主体的能力也就在这反复实践和反思的过程中不断得到发展。实践和反思也是相辅相成，同时作用于交互主体能力的发展过程之中。一方面，实践是人们能力培育的沃土，孕育人们能力发展的质变；另一方面，反思是人们能力发展水平提升的关键环节，它使交互主体从各种交互体验中引发出理性思考，进而不断调适自身的思维和行为，以达到对交互活动更高水平的把握，从而提升交互主体能力功能的发挥效益。进一步说，通过反思实现了把践行的预期和结果、部分和整体、内涵和外延等这些在同一时空中不具有通约性的因素在同一背景下的"比较对话"；交互主体在反思的引导下，不断发现和消除交互实践中的负面因素，积累交互成功的经验，以实现其调节日益具有自主性、能力日益具有生长性。因此，人们要提高交互能力水平，就必须自觉增强反思意识，加强反思训练，不断提高反思的质量和水平，这是比较能力的较高境界。

二、区分的能力

区分，指分开来两个不同的事物。换言之，就是做出"对不对""是不是""办不办"的能力。包括优劣判断、可行性分析，等等。区分是指辨别与判断，也就是运用科学的认识和分析事物的方法，通过认识和分析掌握事物的本质，对事物做出正确客观的评价的过程。区分的能力，具体来讲是指人们在掌握和运用分析事物本质的方法的基础之上，对区分对象的本质做出客观的、正确的、可学的、合理的辨别和判断的本领和技能。区分的过程实质上是对事物的本质揭示和认识的过程，显然，对事物的本质进行认识和把握，是交互的前提和基础，只有在明确交互对象"是什么"之后，才能进一步确定哪个正确，哪个错误，也才能够确定如何交互。那么，区分能力的培养也就成为交互能力培养的基础环节，因为只有具备区分的能力，才能够在正确揭示和认识事物的本质的基础之上，对交互的对象进行评判，才能够实现正确的交互，否则就不可能做出正确、科学、合理的交互。可见，区分能力在交互能力的体系当中是一个基础，是为之后的交互作铺垫，对于交互能力的培养起到了基石的作用。例如，在开放环境下的价值观交互过程中，面对价值观领域呈现多样化和多元化的局面，要区分正确的价值观，首先就要对各种价值观进行本质认识基础之上的区分，只有明确了各种价值观的本质区别，我们才能够从中交互正确的、科学的价值观。在区分能力的培养过程中，应当注意以下几个方面。

第一，掌握科学的区分方法。我们知道，区分的过程就其实质而言，就是揭示事物的本质并做出判断的过程。人们对于事物本质的认识是一个过程，因为事物总是以一定的形式表现出来的，而且事物的表现形式并不是单一的、简单的，而是多样的、复杂的，因此，人们对事物本质的认识是一个从现象到本质的过程，即通过对事物的现象进行分析，在分析现象的过程中区分真相和假象，最终揭示事物的本质。如果不能够对事物的现象做出正确的分析，人们将很难准确把握事物的本质，不能准确把握事物的本质，也就无法对事物做出正确的判定。可见，要对事物做出正确的区分，首先要掌握科学的区分方法，即能够揭示事物本质的科学方法。马克思主义的唯物辩证法是科学的、系统的方法论，是被实践证明了的科学的方法论，我们只有掌握马克思主义的唯物辩证法，才能够正确认识和揭示事物的本质。同时，唯物辩证法是开放的科学体系，我们在运用唯物辩证法的过程中，要注重理论与实际的具体情况相结合，这样才能避免犯教条主义的错误。

第二，注重区分的实践环节。任何能力都是在实践当中得到提高与体现的，因此，区分能力的提高也不例外，也只能在区分的具体过程中才能提高和体现。在区分的实践环节中，应当注重区分方法的运用，区分的过程是揭示事物本质的过程，因此，我们应当遵循马克思主义的唯物辩证法，对事物进行由表及里、由此及彼的认识。对于事物的区分要建立在对事物现象全面、正确认识的基础之上，然而，我们知道，事物的本质是其发展变化的内在的规定性，具有相对的稳定性，而事物的现象是复杂、多变的，这就要求我们在事物的区分过程中真正理解马克思主义的唯物辩证法并灵活运用，使科学理论同具体情况相结合，保证做到具体问题具体分析，从而真正揭示事物的本质。同时，要真正掌握科学的区分方法还需要真正的自主区分。培养人们的区分能力，目的是要实现人们真正的自主区分，具体到民族信息交互教育当中，教育者可以提供价值观的区分场景和环境，培养受教育者区分的自我训练、自我检查、自我分析、自我评价、自我批评的能力，这样，才能在不断的区分与分析的过程中，提高受教育者的自主的区分能力。

三、抉择的能力

抉择的能力是指通过对交互对象进行客观的分析、区分、比较之后，人们根据自身所需，从众多的交互内容中选取适合自己的最优对象的能力。是不是说经过区分、比较之后交互就能顺利实现呢？事实并非如此，在抉择的过程中，人的主观能动性的发挥对抉择的结果有直接的影响作用，正是由于人的这种主观能动性，才使人的抉择具有自主性和独立性。因此，人们不仅要对众多的可供抉择的对象进行正确的、客观的区分和比较，同时，还要对自己的需求作正确的分析，如果对自我的需求不能做出正确的分析，即使交互是科学的，交互也不一定能够实现。交互得以实现的一个重要条件，就是人的主观需求和客观条件相统一，这种相统一并不是说完全一致，而是指人们需求的产生是符合其自身发展的客观规律的，并且客观环境所提供的条件也可以实现人们的这种需求，只有这样，交互才有可能实现。此外，具备抉择的能力，是交互得以实现的保证，交互是一个动态的过程，这个过程包括判断、比较、抉择等环节，交互这个动态过程的最后实现，正是通过抉择来体现的，如果对这个环节没有充分重视，很有可能导致交互功亏一篑，抉择的环节不仅是对可供交互对象的抉择，同时也是对自身需求的抉择。人的需求有很多，在不同的时期有不同的需求，在同一时期的不同阶段也有不同的需求，可见，需求是有主次、有层次的，如果在人生的关键时刻，没有对需求做出准确的判断，很有可能失去人生的重要机遇，很有可能"捡了芝麻，丢了西瓜"。人生对于每个人来说只有一次，对自身需求的错误判断，有时可能造成人生的重大失误。可见，做出正确的抉择是交互过程当中的关键环节，也是最后的环节，抉择能力的培养则是交互得以实现的最终保障。

当然，我们对于抉择也要正确的评价和分析，只有通过对抉择具体实践活动的客观评价，才能够真正提高人们抉择的能力。抉择的结果只会有两种情况，要么人们的需要得以满足，交互实现即成功；要么没有实现需要的满足，即交互失败。我们要正确面对交互的成功与失败，这也是抉择能力的一部分。整个人类发展的历史也是不断交织着人们的成功与失败的历史，人们正是不断地总结着成功和失败的经验和教训，不断地在成功与失败之中探索着社会发展的客观规律，不断地实现着各种各样的交互。抉择的结果，无论是成功的经验还是失败的教训，对于人们的交互来说都是宝贵的财富，正确地认识和看待抉择的结果作为抉择能力的一部分，警示着人们的交互活动，为人们能够更精准地把握交互、实现交互提供了有力的保障。

虽然我们把交互能力的培养分为了比较的能力、区分的能力和抉择的能力三个部分，但是，交互是一个动态的、整体的过程，其中的各个环节是环环相扣、紧密联系的，因此，交互能力实质上也是一个综合的能力，是比较的能力、区分的能力和抉择的能力的有机组合，它们之间有着千丝万缕的联系，是相互融合的关系，并不能简单地割裂开来。例如，区分当中必然包含有判断和辨别，比较是区分的前提，区分是比较的深化，抉择则是在比较和区分的基础之上做出的。因此，在交互能力的培养过程中，也不能把培养比较的能力、区分的能力和抉择的能力分开，反而应当在实践当中实现能力的糅合，这样才能从总体上提高人们的交互能力。❶

第五节　交互方法的引导

"社交网络就是人与人之间的交互。"❷ 其实人在这个问题上，就是解决三个环节的问题，一个是人与自然的交互，一个是人与人的交互，一个是人与自我的交互。人与自然的交互是解决如何保证整个社会经济的持续发展的问题。人与人的交互是解决如何和谐相处的问题，人与自我的交互是解决提高每个人的幸福指数的问题。本质上，所有科学信息技术发展到今天，都是为了实现这三个目的。而其中第二个问题是真正能够解决人与人之间的问题。具体到民族信息交互教育层面，引导受教育者掌握人与人之间的交互的方法是事关重大的，也是教育者的重要使命。在民族信息交互教育的主要内容中，应该从以下几方面来考虑交互方法。

一、尊重受教者地位，改善主体交互关系

基于"主体—客体—主体"交互实践模式，贯穿于民族信息交互教育中的核心理念就是平等、对话与沟通。其过程中充分发挥教育者和受教育

---

❶　王晓非．开放环境下的选择教育 [M]．北京：人民出版社，2013：113 – 114.

❷　郭为：社交网络就是人与人之间的交互 [EB/OL]．http://tech.qq.com/a/20111104/ 000329_ 5. htm.

者的主体作用，通过对话、沟通、互动，使学生自觉融入教育中，在与教师的双向互动中满足自身的发展需求。为了实现教育者和受教育者的良性互动，必须要尊重教育对象的地位，贯彻民主原则，达成两者间的平等对话，从而改善交互关系。这需要教育者和受教育者双方的共同努力。对于教育者来说，要转变传统的主客二分的对象性思维模式，认识到受教育者的地位和作用，淡化自身的优越感，在教育实践中放低姿态与受教育者共同成长；对于受教育者来说，要强化主体意识，与教育者在双向互动中保持自主分辨、自主选择的能力，主动进行各方面信息的自主构建。只有在双方的共同努力之下，才能实现主体间的平等交互。

二、从灌输到交互，创新交互教育方法

长期以来，受教育者的情感、意志等非理性因素在品德形成、发展中的作用被忽视，教育者以对待"物"的方法来对待人。"从物的逻辑无论怎样去强调人不同于物，到头来仍免不了把人理解为非人"。❶ 在这种物化的传统教育方式之下，教育者力图通过外力的方式在受教育者身上强加某些社会或教师认为重要的"特性"，以此培育社会所需要的人，带来的后果是可想而知的。从主体性到交互主体性的转变，实现对物化灌输的救赎，还原教育本来的面目。因此，受教育者各方面素质的提升并不是通过外力强加的灌输方式达成，而是在知识"对话"与情感沟通过程中自然生成的。在这种民主、平等、自由的交互环境中，通过情感、思想、智慧的相互沟通、交流和碰撞，不仅受教育者的水平得到提高、实践能力也获得发展，教育者也在互动中得到进步与成长。

三、贴近生活，丰富交互教育内容

民族信息交互教育原本是生活世界的一部分，但是，随着社会发展特别是当机器大工业创造出高度发达的物质文明，工具价值日益成为衡量教育成效的重要指标，人与人之间的交互教育开始从生活世界割裂出来。我

---

❶ 高清海. 人的未来与哲学未来——"类哲学"引论 [J]. 学术月刊, 1996 (2): 6.

们这里所说的生活世界，主要是日常生活世界，但也不脱离非日常生活世界。民族信息交互教育与生活世界的隔离，在某种程度上造成了民族教育目的的异化，从而使民族教育沦为只有理性认识，缺乏情感。也就是说，民族教育只有从抽象化、教条化的教条王国中走出来，加强与现实生活的联系，才能够促使受教育者品质的鲜活生成。民族信息交互教育必须重视其实效性的问题，在进行交互方法引导过程中，需要坚持贴近实际、贴近生活、贴近学生的原则。只有从生活实际出发确立交互教育的内容，才能够增强感染力，穿透受教育者的心灵，使他们从中领悟到民族信息、民族文化的根本。贴近生活，让民族信息交互教育从"抽象"走向"具体"，从"空洞"走向"丰富"。

开放社会中民族信息交互教育的原则与方法

　　原则，是"言"与"行"所依托的法则或准则，是人们在认识改造世界的过程中基于长期经验而整理出来的合理化现象。民族信息交互教育的原则是指根据一定的民族教育的目的、任务和对教育过程规律的认识而制定的指导民族信息交流、互动工作的基本准则或要求。它能够为各民族间的信息交互活动提供正确的依据，对民族信息交流与互动过程的有效进行起着调节作用和指引作用。在政治多极化、经济全球化、文化多元化与社会信息化的今天，民族间的交流互动活动越来越频繁，民族信息交互教育也逐渐成为现代教育系统中有机的组成部分，这就必然要求人们应结合现代教育的理论，联系民族教育的实践，在开展现代民族教育的过程中提出民族信息交互教育的基本原则。而原则的坚守与践行往往需要依托灵活的方法，只讲究原则而不注重方法，想要取得民族信息交互教育的理想效果必然会困难重重。民族信息交互教育工作只有在坚持原则的基础上，根据具体情境，充分考虑对象、场合、时间、氛围等各种因素灵活运用多种方法才能事半功倍。在开放社会中，探讨民族信息交互教育的原则与方法，可以帮助我们明晰当前我国民族教育的发展趋势和主要任务，明确我国民族信息交互教育的基本要求和实践路径，从而更好地促进两种或两种以上民族群体的受教育者或公民，在相互尊重和理解的基础上，进行积极的交流与互动，建构更具包容性的新教育与新理念。

第一节　开放社会中民族信息交互教育的原则

民族信息交互教育的基本原则，贯穿于各民族间信息交互教育的整个过程，反映现代民族教育的根本属性、基本要求和发展趋势的基本精神。开放环境下民族信息交互教育作为一种具体的教育活动，一方面应遵循一般教育的"普适性"或"共性"原则，另一方面还应符合具体到民族教育的"针对性"或"特性"原则。认真、全面地分析、总结和归纳民族信息交互教育的基本原则，对于理解和把握现代民族教育的发展规律具有重要意义。

一、主体性原则

主体性原则作为传统西方哲学的基本原则，萌发于古希腊智者学派与犬儒学派的伦理哲学，确立于费希特和黑格尔的德国古典哲学。所谓主体性原则，通常意义上是指尊重、承认并重视主体在认识活动与实践活动中的地位与作用的原则。那么，何谓"主体"，也就必然构成了理解并阐释主体性原则概念逻辑的核心链条。从古至今，人类的理性思维从未间断过对这一问题的探究。柏拉图将"主体"理解为先验的、超越感性尘世的理念，在此基础上，亚里士多德则对"主体"概念进行发展，将其看作一种"实体"，即超越人类范畴的客观世界的一切物质。而笛卡尔的"我思故我在"论断首次从哲学层面将"主体"的概念定位于人的专有名词，从此近代哲学开启了对人的主体性的研究热潮，康德的"人为自然界立法"的宣言最终使人的主体性地位得以确立。随后，费希特和黑格尔分别通过三个自我设定的命题与绝对精神的阐释对"主体性"概念进行进一步发展。至此，主体性哲学从古希腊的"实体主体性"发展到了德国古典哲学的"主体主体性"或"人的主体性"阶段。现代主体性理论是对"主体主体性"概念的继承与发展，是一种融合"人的主体性"和"交互主体性"❶的杂糅理论。现代主体性概念的确立丰富并发展了主体性原则的内涵，通过确立人的中心地位与主导作用，极大地促进了人们认识与改造世界的积极能动作用，同时，通过不同主体之间的相互承认、沟通与影响，实现了人、社会与自然的高度和谐统一。在开放社会中，民族信息交互教育只有遵守现代主体性原则，充分尊重人的主体地位，承认交互双方的双主体作用，不同国家、民族与种族间的信息、知识、文化和信仰才能在理性的引领下实现良性的交流、交锋与交融，进而解决全球面临的人性危机与生态危机，促进世界的和平与发展。

（一）民族信息交互教育应尊重人本性

人本性，即以人性为本，又称人本位，它是对西方"神本位""科学本位""社会本位"三大哲学流派进行批评与抗争的基础上发展起来的新的哲学流派，构成了现代西方人本主义思潮的重要理论主张。"它以人作为研究对象和归宿，关注人的价值与尊严，探讨人与人、人与自然、人与社会的关系，寻求解决有关人的各种问题的方法和途径。"❷民族信息交互教育作为一种具体的民族教育活动，说到底从事的是人的工作，它肩负着诠释人的生命意义、丰富人的精神世界、关注并促进人的身心全面发展的历史使命。民族信息交互教育的主体是人，客体还是人，出发点与归宿点均是人，人是教育的核心。因此，民族信息交互教育应以人本主义为哲学基础，遵循人本主义的教育理念，突出人文关怀，尊重各民族受教育者的个性、情意与价值观，注重探索并挖掘真正切合各民族实际的教育方法。

首先，在教育目的上，民族信息交互教育应以人的个性发展为基点，谋求个人成长、民族进步与社会发展的有机统一。何谓教育目的？学术界众说纷纭，如《中国大百科全书》把教育目的界定为"把受教育者培养成

---

❶ "交互主体性作为理论术语是由西方想象学大师胡塞尔最早提出和使用的，它与'主体间性'概念意义一致，它们表征的是不同主体之间相互承认、相互沟通与相互影响，体现的是主体性在不同主体之间的延伸。"（参见杨玲. 文化交往论［D］. 华中科技大学博士学位论文，2010：190. ）

❷ 陈新忠，董泽芳. 现代西方人本主义思潮的教育影响评析［J］. 大学教育科学，2009（2）：66.

为一定社会需要的人的总要求"❶，顾明远在《教育大辞典》中将教育目的诠释为"培养人的总目标"❷，等等。尽管学者们对教育目的的理解存有分歧，但他们在教育目的关于人的认识方面是统一的，即都承认教育应该以人为中心，尊重并提升人的价值。民族信息交互教育作为为各民族培养人才的活动，应该遵循人本教育的理念，在教育目的上应该蕴含人的目的与价值，体现人文性，追求人的个性发展。其实，人本教育所追求的人的个性发展只有与当前社会需求结合起来才能更具社会价值意义。纵观现代西方教育理论，教育目的主要有个人本位和社会本位两大价值取向。个人本位强调个人地位高于社会地位，主张教育应以促进个人自由发展为目的；而社会本位则认为个人依赖于社会而存在，个人的发展离不开社会的进步，所以教育的目的在于促进社会的发展，强调个人对社会的适应能力。从某种意义上来看，两种教育价值取向矛盾对立的根源在于人的个体性与社会性的张力：一方面人首先应该作为一个生命的独立个体而存在，另一方面这种生命的独立个体却都是出于一定的社会关系之中。其实，个体性与社会性是人的一体两面，教育的个体性追求与社会性追求并不冲突，若单方面地强调个人价值，则必将导致极端的个人私利主义，而若仅仅片面追求社会价值，又将可能陷入集权主义。因此，民族信息交互教育在教育目的上应同时体现个体价值与社会价值，以人的个性发展为基点，谋求个人成长、民族进步与社会发展的有机统一。

其次，在教育内容上，民族信息交互教育应立足于人的全面发展，追求各民族间教育素材的共享、共通与共融。人的全面发展是个人走向完美、不断创新的基础。追求人的全面发展一直都被作为教育之为教育的根本。何谓"人的全面发展"？我国古代大教育家孔子把"臧武仲之知，公绰之不欲，卞庄子之勇，冉求之艺，文之以礼乐"视为"成人"之标志，古希腊大哲学家亚里士多德则把"强健的体魄、高尚的情操和纯洁的灵魂"作为衡量"完美人"的标准，而现代教育大都把"德、智、体、美、劳"全

---

❶ 中国大百科全书·教育［M］. 北京：中国大百科全书出版社，1985：172.
❷ 顾明远. 教育大辞典［M］. 上海：上海教育出版社，1998：765.

面发展看作个体全面发展的样式。尽管，人们对人的全面发展的表述各有不同，但他们大都承认科学合理的教育内容是实现个人全面发展的重要保障。教育内容是教育者与受教育者双方在教育过程中相互传达的思想观念、行为习惯、情感意志、知识技能等的总和。教育内容通常表征为各种知识。什么知识最有价值一直都是教育理论界相互争论的重要话题。其中，比较有代表性的观点有两种：一种是科学主义学派所追求的科学知识，另一种是人文主义学派所强调的人文知识。其实，随着现代化与全球化的不断推进，融合性知识的现实价值与地位优势正在逐渐凸显。融合性知识是一种基于多元知识间的交流、交锋、交融而形成的互通与共融性知识。它可以是科学知识与人文知识的融合，也可以是理论性知识与实践性知识的融合，民族外知识与民族内知识的融合，等等。知识的融合与共享有利于促进学习者的知识更新与知识创新，实现人的全面发展。因此，民族信息交互教育应该注重民族知识的多元化，广泛接纳并吸收各民族的文化知识，追求"全人教育"，在教育内容的选取上，应该实现各民族间教育素材的共享、共通与共融。

最后，在教育方法上，民族信息交互教育应着眼于人的自主发展，实现教育方法与个人发展的最佳匹配。马克思主义哲学认为，人具有主观能动性，人们能够有意识地自觉地想问题、办事情，这是人区别于动物的根本特点。主观能动性使人具有一种自主选择能力，甚至可以说，人最终发展成什么样的人也是一种自我选择的结果。每个受教育者不能凭借他人的器官吸取精神营养，教育是别人无法替代的活动。在民族信息交互教育中，应本着"教为不教"的教育理想，注重培养受教育者的自主发展能力，让他们更好地自主与自愿发展，确保每个受教育者都能根据自己各民族的实际情况和自我意愿，进行自我定位、自我确定目标与自我选择发展方向。自主发展能力的养成依赖于教育方法与个人成长的合理匹配。教育有法，但无定法。"从一定意义上说，各种教育方法本身并无优劣好坏之分，其优劣好坏只有放置于特定的由教育者、教育内容、学习者所构成的场域中才能进行比较与权衡。"❶ 民族信息交互教育想要实现教育方法与个

---

❶ 李润洲. 人本教育的内涵、特征与建构 [J]. 教育学术月刊, 2010 (7): 9.

体成长的最佳匹配，就必然要求作为教育者的教师能够因材施教。一方面，教师应该精通各民族的教育素材，熟悉各民族学生的身心特点和成长规律；另一方面，教师要根据民族教育的特殊性和各民族学生的个性要求，寻求真正适合各民族实际状况的教育方法，并有针对性地提供适合他们的教育内容。

（二）民族信息交互教育应体现双向性

民族信息交互教育所坚守的主体性原则是一种双向主体性的原则，抑或是一种交互主体性原则。它要求民族信息交互教育应遵守"平等、对话与沟通"的核心理念，采用"主体—客体—主体"的交互实践模式，教育者与受教育者之间互为主体、互为客体，他们通过相互合作、协商和理解达到共同的行为目标。在民族信息交互教育过程中，这种双向性主要体现为全纳、平等与民主三大原则。

全纳原则是交互教育双向性的基础。民族信息交互教育是一种教育者与受教育者互动的双边活动。教育者与受教育者各以对方的存在为前提，或者说，教与学之间的关系是一种依存共生的关系，离开了对方，自身也就无法存在。全纳原则就是要强调在民族信息交互教育的过程中，教育者与受教育者双方只是扮演的角色和履行的职能不同而异，双方都是具有能动性的个人，都是教育的主体，双方都应该遵守"人本性"。一方面，教育者应该坚持"以受教育者为本"，要树立"一切为了受教育者，为了受教育者的一切"的教育理念；另一方面，受教育者应该坚持"以教育者为本"的理念，强化换位思考意识，多理解、多尊重教育者。此外，民族信息交互教育的全纳原则还意味在理解和对待教育者与受教育者关系上，要改变传统的那种主客体二元对立的思维模式，重新确立一种共生共存的"主体—客体—主体"的交互实践模式。在主客体二元对立的思维模式中，无论是教育者中心说，还是受教育者中心说，都试图压制并征服对方，把自己的意志强加、灌输给对方，让对方听从、臣服于自己的愿望。这种思维模式是对民族教育中全纳原则的背离，是导致民族冲突与矛盾激化的根源。而在共生共存的双向主体的思维模式中，教育者与受教育者双方都以对方为本，彼此尊重，相互理解，你中有我，我中有你，从而真正做到

"教学相长",让教育双方共同获得发展,这样才能更好地促进民族信息交互教育,进而实现各民族的团结与和谐。

平等原则是交互教育双向性的关键。人人平等是处理好人际关系的基本前提,是实现社会和谐文明发展的重要保障。平等原则更是教育的基本原则。所谓平等原则,是指在教育过程中,教育者与受教育者的地位是平等的。它要求"教育者要充分尊重受教育者,在教育过程中不以势凌人、不以理压人、不以教育者自居俯视受教育者,要与受教育者在同一平面上,并且给受教育者说话的机会,逐步引导受教育者提高认识"❶。民族信息交互教育的双向性的关键是坚持平等原则。这要求在具体的民族信息交互教育过程中,教育者应放平心态,放低身板,融入教育生活,走进受教育者的心灵,以开放与包容的心态承认、尊重并理解各民族受教育者的个性差异与独立人格,与各民族受教育者建立一种平等主体间的交往关系,以指导者、参与者的身份和受教育者一起参与各民族的教育活动。一方面,要建立平等和谐的师生关系。在民族信息交互教育过程中,教育者只有与受教育者进行自由探讨和平等交流,构建一种开放包容、活跃有序、和谐平等的师生关系,才能得到各民族受教育者的认同、尊重与信任。另一方面,教育者还应对受教育者一视同仁。具体表现为,教育者要平等地对待各民族的受教育者,不能出现亲疏远近和民族歧视现象。只有这样,民族信息交互教育的内容才能被各民族受教育者接受、内化和吸收。总之,只有坚守平等原则,追求教育平等,才能更大限度地激发各民族受教育者的交互学习的积极主动性,实现其快速健康成长。

民主原则是交互教育双向性的保障。所谓民主原则,是指按照平等、少数服从多数的方式处理各种事务的行为准则。在教育领域,现代化、信息化与国际化影响并引领民族教育走向教育民主。民族信息交互教育作为民族教育的重要组成部分,应该遵守民主原则,追求教育民主。教育民主从内容上来看,主要体现为教育过程的民主化,包括教育管理、师生关系、教育目标、教育内容、教育评价和教育方法,等等。在民族信息交互

---

❶ 李香英. 浅谈人性化的思想政治教育 [J]. 中共郑州市委党校学报,2009(3):156.

教育的具体过程中，教育民主意味着为各民族受教育者提供选择的自由和参与的自由。也就是说，各民族受教育者具有自主、自愿、自由地选择接受何种教育内容、何种教育方法的权利，同时，他们还具有与教育者一起共同参加教育管理与教育评价的权利。此外，教育民主也意味着教育者与受教育者以及受教育者内部之间的相互支持与理解、尊重与合作，形成一种良好的人际关系。教育民主对促进并保障民族信息交互教育具有重要的意义和价值。首先，在现实的民族信息交互教育中，教育民族促进了各民族受教育者的理性发展。其次，教育民主保障各民族的教育自由，塑造各民族的独特个性，实现各民族的自由发展。最后，教育民主通过培养并增强各民族受教育者的民主意识，从而促进民族民主的实现。总之，遵守民主原则，追求教育民主具有重要的个人价值与民族价值，应该成为民族信息交互教育长期坚守的教育理想。

二、先进性原则

在全球化、信息化的今天，科学技术日新月异，经济结构与社会体制多元并存，人们的思想意识也变得复杂多样，人们的需求越来越多，交互范围也日益广泛。同时，人们自我意识也在逐渐觉醒，自主交互能力也在不断增强，人们越来越想在更广阔的空间当中进行自主交互，实现自我价值和个性追求。面对如此广泛的交互对象，如此复杂多变的交互内容，要想满足人们多元化的交互需求，使交互永葆生命力，就必须要求人们在思想观念上保持与时俱进，不断用先进的、正确的思想武装头脑，交互先进的价值观。开放环境下的民族信息交互教育要真正实现其教育目的和教育价值，还应坚持先进性原则，即要确保民族信息交互教育的教育理念、教育内容、教育方法等在开放环境下不断更新、与时俱进。

（一）教育理念的先进性

"教育理念是指人们对于教育现象（活动）的理性认识、理想追求及其所形成的教育思想观念和教育哲学观点。"[1] 从本质上看，教育理念是对

---

[1] 韩延明. 理念、教育理念及大学理念探析［J］. 教育研究，2003（9）：50-56.

教育认知过程中所形成的理性的思维观念，属于精神范畴，而非具体的教育实践活动。观念是行为的先导，没有正确的、创新的、符合时代要求的思想观念，也就不能为工作开创一个新的局面。在教育领域，只有坚持解放思想、不断创新的教育观念，才能摒弃主观偏见，打破传统教育思想观念的束缚，促进教育的繁荣与发展。在开放环境下，民族信息交互教育只有遵守教育规律，遵循先进的教育理念，才能真正反映民族教育的本质与时代特征，为民族教育指明正确的发展方向，引导并鼓舞各族人民树立一种长期共存、共同发展、共同繁荣的教育理想。同时，先进的教育理念能够指导教育实践者更好地开展民族信息交互教育的实践活动。这种指导作用主要体现在两大方面：一是先进的教育理念能够为民族信息交互教育实践指引方向；二是先进的教育理念还能够为民族信息交互教育实践提供一种审视和检验的标准。

在民族信息交互教育实践中，坚持先进性原则，应做到以下几点。第一，民族信息交互教育应以马克思主义基本理论为指导。指导理论的先进是坚持先进性原则的首要保证，民族信息交互教育只有以先进的马克思主义理论为指导，才能确保教育实践的成功。而马克思主义理论不是静止不变的，而是与时俱进、不断发展的，只有与各民族的实际情况相结合，才能发挥实际功效。具体来说，开放环境下，我国的民族信息交互教育要以毛泽东思想和中国特色社会主义理论为指导，理论联系实际，一切从实际出发，实事求是，按照江泽民关于先进文化的发展方向，在实践中不断完善和丰富民族信息交互教育的先进教育理念。第二，民族信息交互教育应遵循教育发展规律和顺应社会发展潮流。一方面，民族信息交互教育实践活动要符合各民族受教育者的成长发展规律，尊重其主体地位与内在发展诉求，运用科学先进的理论方法培养人、教育人，实现各民族受教育者的全面发展；另一方面，在开放环境下，民族信息交互教育还应面向社会、面向未来开展教育实践活动，着重培养各民族学生的环境适应能力。第三，民族信息交互教育应蕴含"中国梦"的教育理念。"中国梦"是习近平总书记于十八大之后提出的一个重要理念。"中国梦"强调每一个人、每一个民族都应该与祖国一起共享人生出彩和梦想成真的机会。它不仅为国家和民族指明了前进方向，也为建立和发展更加公平高效的"教育梦"奠定社会认同基础。开放环境下，民族信息交互教育应该把"教育梦"转化为蕴含"中国梦"的教育理念，追求"个人梦""民族梦"与"中国梦"的和谐统一。

（二）教育内容的先进性

民族信息交互教育的实现归根结底依托于教育内容，民族信息交互教育能否取得成效，取决于教育内容的先进性与否。何谓教育内容？在《从现在到 2000 年教育内容发展的全球展望》一书中，教育内容被理解为"一整套以教学计划的具体形式（课表和课程）存在的知识、技能、价值观念和行为。它们是根据各种社会为学校规定的目的和目标而设计的"[1]。由此可以看出，教育内容其实就是教育者按照自己的教育期望传达给受教育者的一系列的规范性要求。具体到民族信息交互教育的内容，则是指根据一定的社会要求和民族需求，针对各民族受教育者的实际状况，经教育者选择设计后有意识、有计划地传递给受教育者的知识技能、价值观念、行为规范等信息的总称。开放环境下，民族信息交互教育的内容主要包括交互意识的启迪、交互重点的彰显、交互标准的确立、交互能力的培养和交互方法的引导等。民族信息交互教育的内容体现了交互教育的性质，规定着交互教育涉及的范围，涵盖着交互教育的目的与任务，同时也制约着交互教育方法的选择。可见，民族信息交互教育的内容对交互教育具有鲜明的导向性，这种导向性就必然要求教育内容的先进性，即教育内容要符合客观实际、科学规律，具有理论上的先进性、彻底性和革命性。先进的教育内容集中表现为两大特性：一是鲜明的目的性。目的性是人类活动的基本特征。民族信息交互教育作为培养人的活动，是一种在理性的指引下有目的的价值追求。这种目的性集中体现在教育目标之中，通过科学、合理、先进的教育内容得以实现。二是科学知识的支撑。知识的科学性是教育内容先进性的首要保证。受教育者良好的政治信仰、崇高的教育理性、

---

[1] 拉塞克，维迪努. 从现在到 2000 年教育内容发展的全球展望 [M]. 马胜利，等，译. 北京：教育科学出版社，1996.

高尚的道德情操的确立与培养，离不开科学知识的支撑与启迪。没有科学思维和知识武装，人们的交互行为就很难发生，各民族的和谐相处也很难维系、持久。如在现实生活中不难发现，受教育者由于缺乏科学知识的学习，被一些封建迷信或极端宗教信仰所迷惑，从事一些危害民族团结、社会和谐的极端暴恐行为等。

人类的实践证明只有先进的东西才是最富有生命力的。毛泽东同志认为"代表先进阶级的正确思想，一旦被群众掌握，就会变成改造社会、改造世界的物质力量"●。在当代中国，先进的民族信息交互教育内容，集中体现为社会主义先进文化和社会主义核心价值体系。民族信息与民族文化交互教育必须体现以马克思主义指导思想、以中国特色社会主义共同理想、以爱国主义为核心的民族精神和以改革创新为核心的时代精神、以社会主义荣辱观为基本内容的社会主义核心价值体系，这是具有先进性和生命力的。在开放社会中的今天，各种社会思潮都在以各种形式对我们进行意识形态领域的渗透，人们思想意识具有层次性，且良莠不齐，我们应当注重先进性教育内容的引导作用，而只有社会主义核心价值体系能够发挥这一引导作用。社会主义核心价值体系从内容上看，不仅体现了整个社会一致性的追求，还包含了社会不同阶层的利益需求；不仅坚持了先进文化的发展方向，还考虑了不同群体的思想状况。因此，社会主义核心价值体系具有先进性和整合力，是增强民族凝聚力，联结各民族、各阶层共同进步的精神纽带。在民族信息交互教育内容的选取时，只有坚持社会主义核心价值体系，才能确保教育内容的先进性，才能使民族教育取得成效。

（三）教育方法的先进性

"人和动物在行为方式上的根本区别，在于人类能有意识地采用某种方法去行动，以达到预设的目的，而动物则不能。人类每前进一步，无一例外地与方法的发展相关联。"❷ 关注方法问题，对于人们正确地认识与改造客观世界，具有重要的理论价值与实践意义。研究民族信息交互教育的

● 毛泽东著作选读（下册）［M］．北京：人民出版社，1986：839．

❷ 万美容．思想政治教育方法发展研究论纲［J］．学校党建与思想教育，2007（12）：32．

方法，对于科学认识民族教育规律，富有成效地开展民族信息交互教育工作，同样具有重要性和紧迫性。民族信息交互教育的方法是指，教育者为了实现教育目标，传递教育内容，对受教育者所采用各种工作方法的总称。在开放社会中，随着互联网的快速发展和新的智能通信设备的研发，信息交流呈现出便捷、及时、高效等新的特点，这就必然要求民族信息交互教育的方法更加多元与先进。先进的教育方法能够培养受教育者的创新思维，能够激发个人交互的主动性与积极性，解决交互教育中出现的一系列问题，从而使民族信息交互教育工作事半功倍。

在民族教育现代化不断推进的今天，教育方法的先进性主要表现为以下几点。一是灵活多样性。灵活多样性是现代教育方法最鲜明的特征。灵活性意味着现代教育方法应突破传统教育的时空限制，做到对受教育者进行随时、随地教育。随着网络技术的高速发展，人们之间的交互方式越来越多样化，如人们之间的交流可以通过网络聊天、手机短信、微信、微博、固定电话、移动电话、可视电话、信件等方式进行。这就为教育方法的灵活性提供了契机，教育者也同样可以利用这些途径与方法对受教育者进行知识传输。多样性意味着民族信息交互教育的主体间既可以是单向交流，也可以是双向交流和多向交流；既可以是同步交流，也可以是异步交流。同时，在交互类型上，既可以是个人对个人的教育方式，也可以是个人对群体的教育方式或群体对群体的教育方式。二是民主性。民主性则意味着教育者应改变传统的"强制式"与"填鸭式"的教育方法，采用沟通、协商、启发、疏导的教育方式，充分尊重受教育者的主体地位，在平等的基础上进行双方交流，增进了解，达到以情感人，以理服人的目的。三是实效性。讲求实效既是民族信息交互教育方法的出发点，也是其落脚点。教育方法如果缺乏它的有效机制，就不能体现其先进性，也无法发挥其功效。实效性就是要教育者在民族信息交互教育方法实践中，应以最少的时间和精力投入，采取最有效的方法，取得最理想的民族信息交互教育效果。这也正是先进性的民族信息交互教育方法的目的所在。

总之，民族信息交互教育应该坚持先进性原则，具体表现为教育理念的先进性、教育内容的先进性和教育方法的先进性。而先进性原则的坚守，最终要落实在民族信息交互教育的实践过程之中，这一过程是不断变化的，今天的先进性，并不能表明明天还依然先进。因此，在民族信息交互教育实践中，教育者必须要用不断发展、变化的眼光看待先进性这一问题。马克思主义唯物辩证法告诉我们，世界是不断运动、变化、发展的。民族信息交互教育作为一种实践活动，其系统内部的矛盾运动也是绝对的、永不停歇的，因而民族信息交互教育的理念、内容和方法的变化、发展的步伐也应该是永远向前的。总之，开放环境下的民族信息交互教育，应该遵循个人、民族、社会不断发展变化的客观事实，在民族信息交互教育的实践过程当中，还应坚持发展性原则，用发展变化的思维看待与检验交互教育中教育理念、教育内容与教育方法是否先进性的问题。

三、层次性原则

邓小平同志指出："我们在鼓励帮助每个人勤奋努力的同时，仍然不能不承认各个人在成长过程中所表现出来的才能和品德的差异，并且按照这种差异给以区别对待，尽可能使每个人按不同的条件向社会主义和共产主义的总目标前进。"❶ 正如世界上不会存在两片完全相同的树叶一样，世界上也不可能有两个心理特征与价值观念完全相同的个人。每一个受教育者都因家庭条件、受教育的环境、生活经历与实践活动等的不同，而在思想水平、兴趣爱好、行为习惯等方面表现出极大的差异性。这就必然要求，民族信息交互教育要尊重这种差异，坚持层次性原则，根据受教育者之间的不同需求层次，做到"因材施教"。坚持层次性原则，是民族信息交互教育贯彻实事求是思想路线的具体体现，是遵循民族教育规律和受教育者成才发展规律的必然要求，更是提高民族信息交互教育实效性的根本诉求。所谓层次性，是指"系统内在组织结构有序的间断和连续，是系统各层次要素有机结合的等级次序。层次性是针对整体性而言的，是事物或系统的内在表现，是系统的一个基本属性，其核心思想为，强调整体和层

---

❶ 张积家. 马克思的需要心理学思想［J］. 华南师范大学学报，2004（2）：138.

次的独立存在，反对一味地彻底还原"❶。在民族信息交互教育中，层次性主要是指教育对象由于民族文化、社会地位、身心结构、生活阅历等的不同，对民族信息交互教育所传递的内容、方法等信息的接受能力、范围和程度等存在差异。层次性原则，则是指民族信息交互教育要从受教育者的特点出发，根据教育对象的不同认知水平，因人利导，因材施教，分层次、有针对性地进行教育的原则。在具体教育实践中，它主要表现为教育对象的层次性、教育目标的层次性、教育内容的层次性、教育方法的层次性四大方面。

（一）教育对象的层次性

教育对象的层次性是坚持层次性原则的基础与前提。人的思想是由各种相互联系、相互作用的思维元素构成的一个系统。处于系统内部的各种思维元素并非在同一水平上，而是呈现出多种层次性。民族信息交互教育的对象是全社会、各民族的所有成员，包括各个领域、各个阶段、各种类型的受教育的个体、群体、组织等。由于他们所处的生活环境、社会地位、年龄阶段等的不同，各个教育对象情况错综复杂、千差万别，表现出明显的层次性。这种层次性，既可以表现为同一受教育主体在不同年龄阶段的层次性，也可以表现为不同受教育主体之间的层次性。对同一主体来说，当他处于不同的年龄阶段或不同的发展时期，如幼年、少年、青年、中年、老年或学前、小学、中学、大学，他的身心发展水平、认知能力和行为取向就会表现出较明显的差异性。对不同主体来说，如来自不同地域、阶层、种族、民族、性别的学生、老师、农民、工人、军人等，他们的知识水平、思想观念与价值取向也会呈现出较大的差异性。因此，民族信息交互教育要根据受教育者的个体差异，针对不同的教育对象，采用不同的教育方法，实施不同的教育内容，提出不同层次的行为规范要求。尤其在信息化的复杂多样的开放环境下，受多元文化与多元价值观念的冲击，人们的思想认识和觉悟程度更是参差不齐、多样并存，这就更需要民族信息交互教育尊重差异、包容多样，从受教育者的实际出发，对不同层

---

❶ 亓灿新．大学生需求视阈下思想政治教育层次性研究［D］．福建农林大学，2011.4：15．

次的教育对象设计、制定出不同层次的教育培养方案。

（二）教育目标的层次性

坚持层次性原则，首先要确保教育目标的层次性。民族信息交互教育的目标是实施民族信息交互教育实践活动最终想要达到的预期效果，它是由不同层次的目标所构成的一种系统结构。这一系统结构按照不同的视角划分，可以分成不同的层次类型。概括地说，从价值取向来看，民族信息交互教育的目标包括个人目标与社会目标；从空间范围来看，民族信息交互教育的目标包括总体目标与具体目标；从时间长短来看，民族信息交互教育的目标包括近期目标、短期目标、中期目标与长期目标，等等。但是从受教育者需求的视角来看，民族信息交互教育目标的层次性的关键在于实现各民族受教育者的个人目标与社会目标的协调统一。首先，民族信息交互教育应该尊重个人目标，承认个人追求自身利益的权力。经济学认为，每一个都是"经济人"，都以追求自身利益的最大化为目的，而正是个人的这一逐利行为实现了整个社会的福利最大化。这告诉我们，在民族信息交互教育实践过程中，我们只有承认并尊重个人利益，才能最终实现民族利益和整个社会的利益。其次，民族信息交互教育应该体现社会目标，培养各民族受教育者的奉献精神。这就要求，民族信息交互教育在尊重受教育者个人目标的同时，还要对个人目标与利益需求进行合理引导，实现尊重性与引导性的统一。通过民族信息交互教育的具体实践过程，探求个人目标与社会目标的平衡点，实现个人、民族与社会互利共赢。总之，民族信息交互教育是一个多层次的网络系统，坚持教育目标的层次性原则，就是要求在目标设定上，要承认多元价值取向的合理性与可行性，根据各民族受教育者的不同的认知状况和思想境界，分层次对待每一个受教育者。

（三）教育内容的层次性

坚持层次性原则，也要确保教育内容的层次性。什么样的教育内容才是最合理、最有效的？一直都是教育理论界争论的核心话题。其中，比较公认的观点是，能够符合并满足受教育者教育需求的教育内容才是最受欢迎的教育内容，也是最有效的教育内容。因此，在民族信息交互教育的实践过程中，教育者应该根据各民族受教育者的实际交互需求，有针对性地设计教育目标，提供能够满足其交互需要的教育内容。然而，人的需要往往表现出一种复杂层次结构，具有层次性，这就决定了民族信息交互教育在教育内容的设计上应遵循层次性原则。马克思在《德意志意识形态》中，对人的需要层次做过精辟的论述，他指出，"在现实世界中，个人有许多需要，大体上包括生存需要、享受需要和发展需要三个层次，这三大层次相互依存"❶。美国心理学家马斯洛1943年在《人的动机理论》一书中，把人的需要从低到高分为生理需要、安全需要、归属需要、尊重需要和自我实现需要五大层次。他认为，"需求层次理论是一种包含多项联系的复杂结构，基本需求按照优势或力量的强弱排列成一种层次系统；层次的顺序是一定的，即一种需求只有得到某种程度的满足，就会产生新的更高层次的需求；高层次需求和低层次需求存在着性质的差异"❷。在开放环境下，个体不同层次的需要变得更加复杂多变、扑朔迷离，这就必然要求民族信息交互教育，要区分不同的教育层次，根据各民族受教育者的具体情况，如认知能力、心理特点等，科学安排教育内容，使教育内容由低到高，由浅入深，由易到难，由感性到理性，由局部到整体，由具体到抽象，由现实到未来，循序渐进、螺旋上升，形成从简单到复杂、从低层次到高层次的递进式的教育内容系列。

（四）教育方法的层次性

坚持层次性原则，还要确保教育方法的层次性。民族信息交互教育目标与内容的层次性必然决定民族信息交互教育方法的层次性。民族信息交互教育的方法是推进民族信息交互教育的关键因素，这就好比"船"与"舵"的关系，只有把握好民族信息交互教育方法的"舵"，才能驾驶好民族信息交互教育的"船"，到达民族信息交互教育的目标的彼岸。新时期，开放的社会对民族信息交互教育提出了新的方法要求。在方法上，针对教育对象需求的多层次性、多因性，民族信息交互教育要深刻认识现阶段社

---

❶　马克思恩格斯选集（第一卷）[M]. 北京：人民出版社，1995：32.

❷　[美] 亚伯拉罕·马斯洛. 动机与人格（第3版）[M]. 北京：中国人民大学出版社，2007：58.

会阶层的演变与分化，认真研究现阶段社会阶层的多元结构及变化趋势，全面分析社会各阶层、各民族成员在价值观念、文化传统、知识结构、兴趣爱好、行为习惯等方面的差异，根据不同民族、不同阶层教育对象的需求层次结构的变化，选择适合他们的不同的教育方法，提高民族信息交互教育的实效功能。例如，在现实生活中，维吾尔族由于受伊斯兰教的影响，在饮食方面具有不吃未经念经宰杀的牲畜，不吃自死的牲畜，不吃未放血的牲畜的禁忌；藏族受佛教的影响，在礼仪方面，具有遇到寺庙与佛塔要从左向右绕行和不在下午与晚上探望亲友等的行为要求。各民族文化传统、风俗习惯等的不同，必然会引致他们在教育需求方面的不同。民族信息交互教育应对不同民族、不同层次教育对象的不同需要都要给予充分重视，在选择教育方法时，要遵循层次性原则，因地、因时制宜，因材施教、因人利导，不能搞一刀切。

总之，民族信息交互教育的层次性，也就是它的针对性，其实质就是要承认并尊重教育对象或受教育者的差异，把教育对象划分为不同的层次，然后根据不同的层次确定不同的教育目标、教育内容和教育方法，对症下药、有的放矢。同时，在具体的民族信息交互教育实践中，值得我们注意的是，所谓层次，都不是绝对的，而是相对的，我们不能对各个层次进行僵化理解，更不能认为各个层次之间是毫不相干的。比如，就民族信息交互教育的目标层次性来说，各民族广大受教育者首先实现是个人目标，但我们并不能否认他们的社会目标，抑或以此为基础的更高的目标，等等。总之，这里的层次性，是相互联系、相互贯通、相互转化的层次性。在民族信息交互教育过程中，我们只有明白了这一点，才能真正做到坚持层次性原则。

四、求实性原则

所谓求实，即讲求实际，追求实效，切实解决实际问题，与"假、大、空"相对立。求实性，又称"唯实性"或"务实性"，与"务虚性"相对立，即一切从实际出发，在具体实践中，应根据本国、本民族的实际情况去想问题、做事情，而不能"唯上""唯书"或"唯理论"。求实性原则，就是一种实事求是、一切从实际出发、理论联系实际的原则。求实性原则的本质是坚持实事求是。"实事求是一词，出自《汉书·河间献王刘德传》：'修学好古，实事求是'。其意思是根据实证求索真理。毛泽东同志古为今用，深化了对实事求是的理解，并为其提出了一个经典的注释：'实事'就是客观存在的一切事物，'是'就是客观事物的内部联系，即规律性，'求'就是我们去研究。可见，研究客观事物并找出其中的规律性，就是实事求是。"❶ 求实性原则是一切工作都要遵循的基本原则，求实才能使个人不断进步，其从事的事业也不断向前发展，而求虚则往往使人一事无成，事业毫无进展。民族信息交互教育作为一项具体的社会实践工作，需要坚持求实性原则。它要求，在民族信息交互教育的实践过程中，教育者要坚持一切从实际出发，实事求是的思想路线，即应从各民族的具体实际情况出发，根据他们的交互需求，引导他们积极主动交互、正确交互。当今世界，经济全球化、政治多极化、文化多元化的趋势进一步加剧，以信息科学为代表的现代科学技术获得了前所未有的突破。同时，当今中国也进入了一个新的发展时期，在这样的一个开放社会中，民族信息交互教育就更应该坚持求实性原则不动摇，在具体交互教育的实践中，教育者要善于把握客观情况的变化，勇于探索和创新，不断解放思想，自觉调整不合时宜、不切实际的思想认识与价值观念，使其教育理念、教育目标、教育内容与教育方法更加贴合各民族的实际情况，更加符合时代要求，从而更好地推进各民族教育事业的不断发展。

坚持求实性原则，需要做到理论与实践相结合。理论与实践相结合是马克思主义的首要理论原则，从本质上看，它是理论联系实际原则的具体的实践体现。它要求我们在工作中，应做到一切从实际出发，了解尊重客观实际情况，并对其进行全面分析，通过分解与整合、抽象与概括，去粗取精、去伪存真、由表及里地把握事物的本质规律，决定并选择切实可行的工作方法来完成工作目标。马克思主义的唯物辩证法告诉我们，真理是在实践的基础上产生的，真理之所以称之为真理，在于它的实践性，即真

---

❶ 魏振英，陈燕. 求实性思维与领导哲学［J］. 世纪桥，2013（12）：57.

理必须要经得住实践的检验与证明，在社会实践中不断改进与发展。在开放环境下的民族信息交互教育的实施过程当中，教育者坚持求实性原则，还需要理论联系实际，做到理论与实践相结合。这里的"理论"，指的是马克思主义理论、社会主义基本理论、教育理论、民族教育理论、民族信息交互教育理论等对民族信息交互教育具有指导意义的理论体系。"实际"或"实践"指的是在民族信息交互教育过程中所要解决的各种主客体的矛盾关系及其活动过程、基本内容等。理论与实践的结合，指的是立足社会实践，理论联系实际，即在民族教育及民族信息交互教育实践的基础上，总结出民族信息交互教育的基本理论，然后再运用这些理论进一步指导民族信息交互教育的具体工作。民族信息交互教育本身具有鲜明的实践性。民族信息交互教育是以价值观的交互为核心，通过教育培养各民族受教育者的价值观交互能力，引导他们选择并树立正确的交互价值观，而其交互价值观是否正确，必须要通过实践检验。同时，各民族受教育者能否正确选择并确立其交互价值观，取决于是否有正确的理论进行指导。因此，在民族信息交互教育的过程中，只有坚持理论与实践相结合，才能使民族信息交互教育有的放矢，取得实效，而偏废一方则不能够保证民族信息交互教育的顺利进行。

民族信息交互教育的有效开展，坚持求实性原则必须做到以下几点：一要合实情。合实情，即合乎实际情况，它是坚持求实性原则的基础和前提。有效开展民族信息交互教育工作，必须要深入客观实际，认真调查研究，敢于较真，放下架子、蹲下身子，深入到各民族教育实践中去，获取第一手资料，仔细分析，摸准各民族教育对象的思想脉搏和他们在信息交互教育中存在的问题。二要讲实用。讲实用，即讲求实际效用，满足实际需要，它是坚持求实效原则的关键所在。有效开展民族信息交互教育，不能脱离民族信息交互教育过程中各民族的实际交互需要和教育者的自身能力，它要求教育者应根据各个民族、各个地域的实际情况，本着经济、实用的宗旨进行。三要求实效。求实效即讲求实际效益，它是坚持求实性原则的最终目的。有效开展民族信息交互教育，还需要追求实际的效果，切实解决各民族在信息交互中出现的实际问题，防止出现形式主义、本本主义和教条主义。开展民族信息交互教育的最终目的是各民族能够正确、有效、有序、积极、主动地进行信息的交互教育，为和谐社会的构建和各民族的共存共荣、繁荣昌盛创造一个良好的环境，而不是为交互教育而交互教育，最终确保民族信息交互教育工作遵循求实性原则。

综上可知，民族信息交互教育是一个系统工程，在开放环境下，民族信息交互教育工作要想取得实效，就必须要紧跟时代前进的步伐，树立与时俱进的理念，适应社会发展的要求和各民族受教育者信息交互的需要和其成长、成才自身发展的需要，遵循主体性、先进性、层次性和求实性的原则，不断调整民族信息交互教育的内容，拓宽民族信息交互教育的有效渠道和方法，才能把"以受教育者为本"的民族信息交互教育的理念落到实处，才能进一步增强民族信息交互教育的实效性和针对性，促进各民族受教育者及整个民族、整个社会的全面和谐发展。

第二节　开放社会中民族信息交互教育的方法

"方法"一词的含义比较广泛。在希腊文中同义于"方向"或"道路"，即沿着某一方向或道路行进的意思。在我国古代，方法是指量度方形的法则。现代意义上的方法，是指为到达某种目的而采取的途径、步骤、手段、方式等。黑格尔在其《逻辑学》中将方法阐述为，"在探索的认识中，方法也就是工具，是在主体方面的某个手段，主体方面通过这个手段和客体相联系"[1]。由此可以看出，方法从本质上说，并不是实体因素，而是知识工具，是联系主客体的中介因素。开放环境下，民族信息交互以价值观的交互为核心，因此，引导和帮助各民族人民选择和确立正确的价值观，并在正确价值观的指引下，积极、主动地开展良性交互行为，也就构成了民族信息交互教育的首要目的。诚然，这一目的的实现离不开有效的方法或途径。因为，方法是人类在认识和改造客观世界的实践活动中所必须依赖的工具，离开了切实可行的方法，任何活动目的都将很难实

---

[1] 列宁全集（第55卷）[M]. 北京：人民出版社，1900：189.

现。对此，毛泽东曾作过形象的比喻："我们不但要提出任务，而且要解决完成任务的方法问题。我们的任务是过河，但是没有桥或没有船就不能过。不解决桥或船的问题，过河就是一句空话。不解决方法问题，任务也只能说是瞎说一顿。"❶ 所谓民族信息交互教育的方法，是指教育者为了实现各民族人民积极主动的良性交互这一目的，在民族信息交互教育的实践过程中，对教育对象所采用的手段和方式的总和。它是联结教育者与受教育者，帮助教育者能动地认识、影响和作用于受教育者，从而消除双方之间的矛盾和差异的中介因素，对实现各民族的和谐、团结具有重要的方法论意义。在开放环境下，民族信息交互教育主要有以下几种方法。

一、比较教育的方法

"比较，是分析和认识事物的一种工具和方法，是认识事物的基础，一事物区别于其他事物的质的规定只有通过比较才能揭示出来，这就是人们对事物本质的认识过程。"❷ 辩证唯物主义认为，任何客观事物都是普遍性与特殊性、绝对性与相对性、一致性与差异性相统一的有机整体。正是因为如此，客观事物才具有比较性。真理也总是在比较—鉴别—斗争中发展起来的，正如毛泽东所言，"正确的东西总是在同错误的东西做斗争的过程中发展起来的，真的、善的、美的东西总是在同假的、恶的、丑的东西相比较而存在的，相斗争而发展的"❸。在教育实践活动中，比较方法可以运用其中，既可以对彼此联系的不同事物的各自特点与属性进行比较，也可以对同一事物在发展链条中前后环节的不同进行比较，通过正确的比较与判断，使受教育者分清是非，认清事物的本质规律，增强认知能力，提高思想觉悟。所谓比较教育的方法，是指"根据一定的标准对不同时期、不同地点、不同情况下所发生的教育现象、教育理论进行考察、分析、鉴别和整理，从中找出教育的普遍规律和特殊本质，力求得出符合客

---

❶ 毛泽东选集（第1卷）［M］. 北京：人民出版社，1991：39.
❷ 马克思恩格斯选集（第2卷）［M］. 北京：人民出版社，1995：33.
❸ 毛泽东文集（第7卷）［M］. 北京：人民出版社，1999：230.

观实际的结论，并运用于教育实践的一种研究方法"❶。这种方法的实质在于，将比较的原理与方法运用到教育领域，通过对各种不同教育现象或同类教育现象在不同情境下的具体表现进行对比分析，进而揭示这些教育现象独特的发展规律。

民族信息交互教育的核心是价值观的交互教育。因此，在开放社会中的民族信息交互教育当中，比较教育的方法是指教育者通过对各民族不同价值观进行比较分析，在认识并掌握各种价值观本质的基础上，选择出具有科学性与合理性的价值观，从而具有针对性地确立有关正确价值观的教育方法。在政治多极化、经济全球化、文化多元化与信息大爆炸的开放的时代背景下，信息的便捷、高速传播在提升人们物质生活和改善人们精神文化享受的同时，也必然会导致人们价值取向的多元化。然而，并非所有的价值观都是科学的、合理的。这就决定了，我们必须要对不同价值观的本质进行分析和比较，在比较中彰显和体现正确价值观的优越性与科学性，从而让人们在众多的价值观中自主选择正确的、科学的价值观。从本质上来看，在民族信息交互教育中采用比较教育的方法，目的是通过对价值观的异中求同与同中求异，发现各民族价值观念、文化传统、风俗习惯等的优势与不足，吸取优秀经验，接受历史教训，取长补短，实现各民族间优势互补，从而促进民族教育的进步与发展。

在民族信息交互教育实践中，运用比较教育的方法，应按照以下步骤进行。

第一，确定比较对象。确定比较对象是比较的前提。由于受地域、文化、风俗、习惯、环境等因素的影响，各民族之间在生活实践中有很多方面都存在很大的差异性，也正是这种差异性为各民族间的交互行为提供了可能性与必要性。同样，也正是因为各民族之间存在这种差异，才使民族间的比较具有实际意义。民族信息交互教育以价值观的交互教育为核心，所以，比较对象最终将体现为各民族的价值观的比较。而价值观是一个抽象而又内隐的概念，它往往通过各民族的具体行为表现出来，这些行为又

---

❶ 李秉德. 教育科学研究方法 [M]. 北京：人民教育出版社，1986：146.

受到各民族的风俗习惯、文化传统、地域环境等影响。因此，在民族信息交互教育实践过程中，比较对象要具有广泛性，既要对各民族的教育理念、目的、任务、内容、方法进行比较，也要注重对教育背后的风俗习惯、文化传统、地域环境等深层次影响因素进行比较。此外，比较对象还应体现针对性。它要求，具体实践中要根据民族信息交互的实际需要，确定比较对象，确保比较目标明确而集中，使比较落到实处。

第二，制定比较标准。比较标准是进行比较的依据。在民族信息交互教育中，制定比较标准，就是教育者要把比较对象的材料按照可能比较的形式排列起来，使比较的内容清晰化、概念明确化、数据精确化，确保比较具有可操作性。因而，这就要求，民族信息交互教育的比较标准，一方面要满足被比的对象是两个或两个以上，且对象之间必须具有一定的内在联系，具有可比性；另一方面被比的材料要真实可靠，即要符合各民族的实际情况，且能用统一的标准去衡量。这样教育者就能根据比较的标准，使抽象的概念具体化，巧妙利用各种方法对各民族的实际情况进行比较，从而保证比较的科学性。

第三，收集、整理材料并加以分类与解释。收集并整理材料是进行比较的基础。在民族信息交互教育中，为了确保比较结果的准确、客观、公正，教育者就应该在消除主观偏见的基础上，采用多种方式，对各个民族进行深入客观研究，广泛收集各民族的原始信息、材料，并对各种材料进行鉴别、分类与解释，保证信息材料的代表性与真实性，能够客观反映各民族的实际的、普遍的情况。

第四，比较分析。比较分析是进行比较教育的重要环节。分析是在比较的基础上，对前期收集到的材料进行加工、解释和评价。在民族信息交互教育中，比较分析，不仅要说明各民族的信息资源及其教育现象是怎样的，还要解释为什么是这样的，分析其形成的原因及过程。整个比较分析的过程都必须要基于各民族的客观实际情况，尊重客观事实，通过全方位比较，分析所收集到的事实材料。

第五，总结与借鉴。总结，就是要在以上步骤的基础上，通过理论概括、实践证明、逻辑推理等手段，顺理成章地得出比较结论。而借鉴，则是指要把得出的比较结论，运用到民族信息交互教育的过程中去，从而更好地指导民族信息交互教育实践。得出比较结论，从中得到启示或借鉴，是民族信息交互教育中采用比较教育方法的最终目的。

二、情感教育的方法

经济学的人性假设理论认为，人不仅是经济人，还是社会人，即人们从事社会工作，不仅是为了满足经济需要，更是为了满足社会需要，如人际交往、感情沟通的需要，追求友谊、爱和归属感的需要，实现自身价值的需要，等等。马克思在《关于费尔巴哈的提纲》中也提到，"人的本质不是单个人所固有的抽象物，在其现实性上，它是一切社会关系的总和"。这就是说，人的本质不是与生俱来的，不是单个人的，而是在生活实践中，通过各种社会关系交织在一起的，如工作关系、性爱关系、血缘关系等。这些关系不仅需要经济利益的支撑，更需要社会情感来维系。因此，生活在现实社会中的人，并不是冷冰冰的机器，也不是野性十足、凶狠残暴的兽类，而是具有自尊、饱含情感、活生生的、有血有肉的生命个体。人是有情感的动物。在教育实践中，只有尊重人的情感性，采用情感教育的方法，才能取得教育成效，实现教育目标。所谓情感教育的方法，是指通过感情交流触发人们积极情感的体验，唤起人们自我教育的主动性与积极性，促使人们在彼此信赖、相互尊重的心理基础上，将正确的认识转化为自觉行为的教育方法。情感教育法是现代教育的一种重要方法，它关注教育过程中受教育者的态度、信念、情绪与情感，通过尊重与培养受教育者的社会性情感品质，发展他们的自我情感调控能力，触发其产生尊重、理解、关心、友好的积极情感体验，达到以理服人、以诚感人、以情动人，从而促使他们积极、主动、自愿、自觉地开展自我教育。

民族信息交互教育不仅是教育者将信息、知识传递给受教育者的过程，更是各民族受教育者的正确价值观形成的过程，后者的有效性依赖于各民族受教育者的情感效应。在经济全球化、文化多元化、教育信息化的开放社会中，各民族人民的价值取向也变得更加多样化与复杂化，良莠不齐，呈现出美与丑、善与恶、高尚与卑微并存。教育心理学告诉我们，任何来自外部的教育影响想要实现预期的教育目标都必须要经过受教育者的情感体验。可见，受教育者的积极情感的体验是他们树立并形成正确价值观的基础与前提。在民族信息交互教育的过程中，教育者只有加大感情投入，充分发挥情感的激励作用，营造彼此信任、心理相通的氛围，做到与各民族受教育者交心互往、交心互赏与交心互进，才能使各民族受教育者产生教育者在诚心诚意、设身处地考虑他们的现实问题和实际交互需要的观念，从而触发各民族受教育者对教育者所实施的教育内容产生积极的情感效应，进而促使他们在良莠不齐的价值观体系中选择并确立正确的交互价值观。教育者在民族信息交互教育中，运用情感教育的方法，体现了尊重、理解、关心受教育者的教育理念，这对于构建相互理解、彼此尊重、团结友爱、互助互利的和谐的师生关系具有重要意义。在民族信息交互教育过程中，为了确保情感教育方法的正确、有效的运用，需要教育者遵从以下要求。

第一，教育者应转变教育观念。在长期的传统教育观念的影响下，教育者往往只注重对受教育者的知识传授，很少去关注和研究情感因素在教育中的作用与意义。民族信息交互教育的有效进行离不开各民族受教育者的自我教育，需要他们能够积极、主动、自觉、自愿地进行信息交互。而情感教育法正是一种激发受教育者学习的积极性与能动性，培养他们的创新精神与实践能力，使之愿学、能学、爱学与会学的教育方法。因此，在民族信息交互教育过程中，教育者应该转变教育观念，采用情感教育的方法，使教育充满情感，体现人性。

第二，教育者要与受教育者建立融洽的师生关系。师生感情的融洽不仅能保证民族信息交互教育的顺利进行，还能够激发各民族受教育者的主动性与积极性，提高信息交互的质量。在民族信息交互教育过程中，建立融洽的师生关系，就是要求教育者在创设宽松和谐的交互环境的基础上，与受教育者保持一种平等、民主、对话、互尊与相容的关系。一方面，教育者应理解并尊重受教育者的主体地位，在教育过程中，消除民族偏见，做到对每一位受教育者一视同仁；另一方面，受教育者也要尊重并维护教育者的知识权威，尊师重教，积极主动学习。

第三，教育者应不断完善教育评价机制。在民族信息交互教育过程中，教育者应不断创新评价机制，采用多样化的评价方法和综合化的评价内容，尊重各民族自我评价的权利，满足各民族受教育者与教育者共同参与评价的要求，确保评价结果符合各民族的客观实际情况，促进各民族受教育者的全面发展。

三、网络教育的方法

随着信息技术的不断发展与完善，网络的普及面越来越广，逐渐成为人们生活中不可或缺的重要组成部分，如网络购物、网络交流、远程教育等现象越来越流行和普遍。不夸张地说，今天的世界是个网络"一统天下"的世界。正如美国未来学家托夫勒所言："谁掌握了信息、控制了网络，谁就拥有整个世界。"在今天这个信息化时代，网络成为人们获取信息的重要渠道，作为传递信息、传授知识的教育活动，必须要重视网络的作用，将网络技术广泛运用到教育实践中去。所谓网络教育的方法，是指借助网络技术，依托各种网络工具，开展教育活动，实现教育目标的方法。网络为民族信息交互教育提供了极其丰富的信息资源和便捷、高效的教育方式，同时，也为其提供了其他教育方法所无法企及的影响速度、影响广度与深度，而且深受各民族受教育者的广泛喜爱。因此，利用网络技术和工具对各民族受教育者进行信息的交互教育，是民族信息交互教育的一个重要方法，也是对教育方法的一大创新。在网络时代的开放环境下，民族信息交互教育遇到了前所未有的挑战，我们不能再沿着传统的民族教育的方法和理念，必须要针对网络的特点进行创新。我们只有积极运用网络方式，与时俱进，顺应时代要求和国家号召，满足各民族教育对象的交互需要，不断提高民族信息交互教育的吸引力、感染力和实效性，才能使民族信息交互教育永葆活力。

网络教育的方法是信息时代对民族信息交互教育提出的新的方法要求，在民族信息交互教育的方法体系中占有重要地位，然而，如何在民族信息交互教育的实践过程中，不断发展与完善网络教育的方法，是我们必须要思考的关键问题。

第一，建立规范的"红色"网站。所谓"红色"网站，是指获得国家和社会的普遍认可，内容健康丰富、积极向上、形式灵活多样、特色鲜明、指引性强的网站。在开放社会，网络在传递各民族健康信息的同时，也为色情暴力、宗教迷信、恐怖主义等不良信息提供了传播渠道。这些不良信息不利于各民族人民树立正确的价值观，很容易引致他们误入歧途，是民族矛盾和民族冲突的重要原因。因此，运用网络开展民族信息交互教育时，必须要规范网络、监控网络，充分发挥"红色"网站的积极引领作用，确保各民族受教育者获得积极、健康的民族信息，使他们在法律允许范围内进行健康、有效的交互。

第二，充分发挥各种网络工具的积极作用。网络工具是开展网络教育的载体，是确保网络教育得以有效运行的重要媒介或手段。在开放社会中，能否运用网络工具并充分发挥各种网络工具的积极作用，直接决定民族信息交互教育能否取得实效。随着互联网的普及，众多网络工具，如E-mail、QQ、微信、微博、贴吧、远程传输设备等，开始越来越多地渗透到各民族的生活与工作之中。这些工具因其具有便宜、便捷、迅速、多用、可靠等优点，再加之互联网的广泛性、虚拟性、自由性与平等性的特点，而受到各民族人民青睐。因此，民族信息交互教育者要与时俱进，不断学习这些现代科技，充分利用各种网络工具，从而更好地实现教育目的。总之，网络教育的方法是对各民族人民进行民族信息交互教育的行之有效的方法，不断发展与完善网络教育方法，是实现民族信息交互教育目标的应有之义。

四、经验总结的方法

所谓经验总结的方法，是指人们对其所从事的社会实践活动过程加以主观回顾，通过归纳、分析与思考，将实践中的各种现象的感性认识，上升为系统的理性认识的一种研究方法。经验是人们在实践过程中得出对外部世界的主观的感性认识。并不是所有的经验都是科学的，现实生活中既存在正确的经验，也存在错误的经验，既有先进的经验，也有一般的经验，它只有在经过实践者和理论研究者的归纳、分析、总结、提炼与验证之后，才具备科学性。经验总结往往是发生在实践中取得了良好的效果之后，具有很强的实效性和针对性。在总结经验时，只有坚持正确的指导思想，才能分清现象与本质、正确与错误、必然与偶然，做到去伪存真、由此及彼、由表及里，将经验上升为理论，进而更好地指导实践活动。"在教育领域当中，经验总结法，是指在对自然状态下的一个完整的教育过程进行分析和总结的基础上，揭示教育方式、教育现象和教育效果之间的必然或偶然的联系，认识和掌握教育过程中存在的客观规律及作用，为之后相同或类似的教育工作提供经验借鉴的一种方法。"❶ 教育理论只有在实践中总结与检验的基础上，才能获得不断的发展与完善，才能注入新鲜血液，保持永久的生命力。

民族信息交互教育作为一项重要的教育实践活动，离不开经验总结的方法。一方面，教育者在民族信息交互教育过程中，只有坚持经验总结的方法，才能够把民族教育现象中的一些必然联系、因果链等发掘出来，总结并提炼出有效的适合各民族实际交互需要的教育理念、教育模式、教育手段、途径与方法，并形成相应的理论成果，使民族信息交互教育的理论性与实践性得到进一步的丰富与完善；另一方面，通过总结民族信息交互教育的经验，教育者才能够了解各民族的实际情况，发现实际问题，才能够找到解决问题的关键措施。同时，经验的总结也有助于教育者在民族信息交互教育的过程中，发现自身的优缺点，有针对性做出改正与改善，全面提高自身的业务素质。在开放环境下的民族信息交互教育过程中，经验总结的方法要想真正落到实处，发挥其真正的价值与作用，应遵循以下步骤。

一是确定总结对象与目的。确定总结对象，就是根据民族信息交互教育的目的任务，从各民族的实际情况出发，认真选择具有代表性的民族、地区、单位或个人，有组织、有计划地总结经验。通常情况下，经验总结总是以实践中的先进事迹与突出贡献为前提来确定研究对象，选择那些在民族信息交互教育中急需解决的、有研究价值的、有代表性与典型性的

---

❶ 王晓菲. 开放环境下的选择教育研究 [D]. 武汉大学, 2011 (5)：157.

问题。

二是收集事实材料。经验总结需要全面地占有事实材料。掌握充分的、客观的、必需的事实，是经验得以有效总结的基础和前提。缺乏事实材料，总结就成了无源之水，无本之木。概括地说，在民族信息交互教育经验总结的过程中，需要收集的事实材料，从其反映范围来看，有面（整个民族或国家）的材料，点（个别民族或地区）的材料和个别展开材料（单个家庭或个人）；从其所反映类型来看，有数量化材料和非数量化材料、文字材料和声像材料等；从内容性质来看，有正面材料和反面材料、主体材料和背景材料、历史材料和现实材料等。收集经验事实材料，可以通过对各民族进行观察、调查、访问和测试等多种途径进行。事实材料越充分、越详尽，经验总结就越有效，其质量也就越高。

三是整理与分析材料。收集材料仅是一种手段而非目的。在进行经验总结时，必须在充分占有丰富材料的基础上，对材料进行整理、归类、加工、提炼，使其系统化、条理化、科学化，以形成能够说明和解释问题的材料整体。在民族信息交互教育过程中，整理与分析事实材料的工作，主要包括核实材料、筛选材料、提炼与升华材料三大关键环节。

四是总结与讨论。总结，即形成结论，讨论就是对形成的结论进行多方论证，以确保结论的科学性，这是经验总结的最后一个环节，也是最为关键的一个环节。经过前面三个步骤之后，民族信息交互教育者就可以针对某个典型问题或教育现象得出初步的经验结论，接着，就应该以经验总结者为主体，广泛邀请各民族受教育者代表、教育主管部门领导、相关的教育理论学者等展开多方论证。通过论证，考察经验总结是否遵从科学认识的逻辑性，是否反映教育发展的客观规律，是否符合各民族信息交互的实际情况。

五、模拟竞争的方法

所谓竞争，简言之，就是个人或集团为了自己的利益与别人争胜。模拟是指对真实事物或者过程的虚拟。模拟竞争的方法是指通过创设一种虚拟的场景将竞争事物或竞争过程呈现出来的方法。马克思主义唯物辩证法认为，任何事物都是矛盾的统一体，矛盾无时不在、无时不有，矛盾是事物发展的动力与源泉。这里所讲的矛盾是事物之间的对立统一关系，即在竞争中相互依存的关系。所以，竞争是一切事物的存在形式。正如毛泽东所言，"正确的东西总是在同错误的东西做斗争的过程中发展起来的。真的、善的、美的东西总是在同假的、恶的、丑的东西相比较而存在，相斗争而发展的。当着某一错误的东西被人类普遍地抛弃，某一种真理被人类普遍地接受的时候，更加新的真理又在同新的错误意见做斗争"❶。在国际化、全球化的今天，竞争无处不在，遍及社会的各个角落，包括艺术、教育、医疗保健、慈善事业等领域。竞争是一种广泛存在的社会现象，开放环境下的民族信息交互教育竞争则是这种现象中的一种独特表现形式，其核心是价值观的竞争。随着经济全球化、教育信息化的迅猛发展，人们的价值取向变得更加的多样化与多元化，各种意识形态、价值观念之间相互融合、交流与交锋，不同的价值观相互之间激烈碰撞，各民族都在努力争夺更多的信仰者。在多种价值观并存的背景下，民族信息交互教育必须要与错误的、不利于民族团结的价值观做斗争、相竞争，突出正确的、科学的价值观在价值领域中的主导作用，要引导人们交互吻合本民族文化特性与先进性的价值观，并把这种本民族的文化特性与价值观融入国家性，即社会主义核心价值体系之中，这是我国社会主义发展的需要，是增强民族凝聚力的需要，是社会主义经济建设的需要，是个人自由而全面发展的需要。

在民族信息交互教育的实施过程当中，运用模拟竞争的方法，主要表现为，教育者设定各民族价值观之间相互竞争的场景，让受教育者参与其中，分别扮演不同价值观的角色，通过受教育者之间的相互讨论与辩论，让受教育者认识和掌握各民族不同价值观的表现与本质，最终使各民族受教育者自觉地选择并确立正确的价值观，摒弃错误的腐朽的价值观。开放环境下的民族信息交互教育是教育者以多元价值观条件下的价值观选择为核心，围绕"交互什么""如何交互"对各民族受教育者进行的教育实践

---

❶ 毛泽东文集（第7卷）［M］. 北京：人民出版社，1999：230－231.

活动。其实质是教育者在教育理念的指引下，通过选择各个民族的积极健康的教育内容，运用各种教育方法，对受教育者进行价值观的教育与引导，提高各民族受教育者价值观的选择能力，使他们能够积极主动地选择正确的价值观。此外，在民族信息交互教育中，采用模拟竞争的方法，不仅是要让各民族受教育者把正确的价值观作为自己的思想指南与行为指导，更重要的是还要让他们明白各种价值观之间的争夺是极其激烈的。因为，各民族受教育者只有认识到这一点，才能认清各种价值观的本质，才能坚定自己选择并树立正确价值观的信念，不断培养自己的竞争交互意识，提高自己的竞争交互能力，将正确的价值观真正内化为自己的价值观。

可见，民族信息交互教育的模拟竞争的方法，是让受教育者通过模拟价值观的竞争情境，让他们深层次地理解并认识正确价值观的确立是一种自我选择的动态过程，进而帮助他们在正确价值观的选择中，抓住关键环节，及时发现并纠正错误，避免受教育者面临多种价值观而无所适从，选择错误的价值观。它要求，在具体的模拟竞争中，教育者应尽量创设符合各民族实际情况的模拟竞争情境，使受教育者充分感受到逼真的模拟竞争环境，让他们以真实的思想状态进行价值观的模拟竞争与选择。同时，针对竞争中的关键环节，教育者应该注重对受教育者进行价值观的分析与引导，为他们指引正确的选择方向，避免无效的模拟竞争。最后，在模拟竞争的后续环节，教育者还应该对各民族受教育者的价值观的选择结果做出科学、客观、合理的评判，根据各民族受教育者自身特点与实际交互需求，引导他们正确对待与认识自己模拟竞争的整个过程与结果。唯有如此，各民族受教育者才能从内心深处认可、接受并内化正确的价值观。

六、榜样示范的方法

榜样一词内涵丰富，学者们从不同的视角对其做出了不同的界定。如《辞海》将榜样解释为，"值得学习的好人或好事"。王书、贾安东等认为，"榜样，即通常所说的模范、先进典型，其精神感召力、行为带动力和心理共鸣力可引发公众产生尊崇心理，进而效仿和学习"❶。张茹粉认为，"榜样就是人的某一实际的行为实践活动及其活动的成果或行为实践中蕴涵、体现、彰显出来的，对其他社会成员具有借鉴、激励、警示作用的东西"❷。尽管学者们对榜样的内涵界定并不统一，但可以肯定的是，榜样与特定的语境有关，是一种具体化的概念，通常是指人们行为仿效的对象，其作用的机理是引导人模仿榜样，从而具有和榜样一样的品质。榜样示范法，又称榜样法或榜样教育法，是指"教育者运用'榜样'的先进事迹或先进思想来影响受教育者的思想，引导受教育者的行为，使其符合一定社会要求的教育方法"❸。这种方法的特点是把抽象的理论知识与价值观念人格化、具体化、情境化，以生动的典型形象和先进事迹触动受教育者的心理情感，使教育更具有感染力、吸引力与说服力。进入 21 世纪以后，社会进入高速发展和转型发展的关键时期，各民族之间矛盾逐渐凸显，价值观念混乱、信任危机、信仰缺乏等问题给各民族人民提出了新的考验。而榜样示范的方法在人们正确价值观的培育中具有重要的意义，正如"身教重于言教"。在民族信息交互教育中，虽然价值观的教育方法有很多种，但榜样示范的方法因榜样这一载体的鲜活、真实、形象、生动的特点，把抽象的价值观念和高深的理论知识，以人性化、直观、简洁的教育形式表现出来，从各民族受教育者的体验、感受和需求出发，将说教与灌输式的价值观教育形式转化为由受教育者因内心仰慕与情感共鸣而主动效仿与内化榜样精神品质的教与学相统一的活动，因而具有极强的现实意义和特殊的教育效果，成为民族信息交互教育的重要方法。

在民族信息交互教育的实践过程中，运用榜样示范的方法，要特别注意以下问题。

第一，注重从生活中选树榜样，确保榜样的真实性。人民群众是历史的创造者，具有很强的创造精神，作为优秀人物或先进事迹代表的榜样必然产生于人民群众的实践之中。一方面，民族信息交互教育应本着从群众

---

❶ 王书，贾安东. "偶像—榜样"教育的德行心理分析 [J]. 中国青年研究，2006 (9)：11.

❷ 张茹粉. 榜样教育的理性诉求 [J]. 河南师范大学学报 (哲学社会科学版)，2008 (3)：216.

❸ 邹欣. 新时期大学生榜样教育存在的问题及对策 [D]. 华中师范大学，2011 (5)：11.

中来、到群众中去的原则，重视从各民族人民群众中选树榜样，使这些榜样贴近群众，贴近各民族的实际交互需要，使各民族受教育者学有方向、行有目标；另一方面，从各民族中选树的榜样一定要真实可靠，不能随意夸张和拔高，真实的榜样容易被人所感知，而人为拔高的榜样是受教育者们所不愿意接受的，甚至还会起反作用。

第二，从实际出发，选树各民族群众需要的榜样范例。实践证明，在民族信息交互教育过程中，只有结合各民族群众的实际交互需要及其思想状况，因时、因地制宜，选择适宜的具有针对性的榜样作为开展民族信息交互教育的载体，通过多种渠道，采取多种方式和方法，才能真正增强榜样示范教育的有效性。

第三，选树好的榜样必须与揭露反面典型相结合。"反面典型是相对于正面典型而言的，是指反映落后、错误的思想，在人民群众中产生消极影响和对社会产生破坏作用的典型。"❶ 我们承认好的榜样的有效引导作用的同时，也要清醒地、客观地认识到负面典型对人们的"冲击力"。在民族信息交互教育过程中，我们只有揭露反面典型，合理利用各种反面典型对人们的警示和鉴戒作用，才能使各民族受教育者充分认识到反面典型的危害，进而强化正面榜样的引导作用，使他们在同反面典型做斗争的过程当中，选择并树立正确的价值观。

第四，充分发挥宣传媒介在榜样示范中的作用。榜样的积极作用能否真正落到实效，人们对榜样的模仿行为能否持续和巩固，在很大程度上取决于榜样的优秀品质与高尚精神是否得到正面强化，而媒介的宣传与推广则构成了强化榜样的主要方式。在科学技术及信息媒介高度发达的今天，民族信息交互教育应该顺应时代要求，充分利用各种媒介对先进事迹与优秀精神进行宣传教育，营造良好的社会舆论氛围，以达到影响并鼓舞各民族受教育者的目的。

在民族信息交互教育的众多实施方法之中，榜样示范的方法以生动具体、形象直观的特点对各民族受教育者的价值观念和态度、行为进行指

---

❶ 王晓菲．开放环境下的选择教育研究［D］．武汉大学，2011（5）：157.

引、导向与示范，始终在民族信息交互教育的实践过程中独树一帜，占有非常重要而又特殊的地位。榜样示范法的有效、合理运用，在各个民族的和谐团结及国家的繁荣昌盛中起着积极作用。今天，它仍然是民族教育及民族信息交互教育的重要实施方法之一，长期保持着旺盛的生命力，受到广大教育工作者青睐。

综上可知，方法是实践得以实现的工具，民族信息交互教育的方法是民族信息交互教育的实践活动得以实现的手段保证。在开放环境下，民族信息交互教育的方法是一个复杂的方法系统，且各种方法之间并不是彼此孤立、各自为政的，而是相互支撑、融为一体的，共同在民族信息交互教育的实施过程当中充当民族信息交互教育的手段或工具。教育者在民族信息交互教育的实践过程当中，应灵活交叉运用这些方法，发挥方法系统的协同作用，切忌生搬硬套。

主要参考文献

［1］宋煦冬. 中央民族工作会议暨国务院第六次全国民族团结进步表彰大会在北京举行［N］. 人民日报, 2014－09－30.

［2］肖照青. 正确认识和把握民族交融问题［J］. 民族, 2014（8）.

［3］袁玲. 基于计划行为理论的知识交互行为研究［D］. 南京航空航天大学硕士学位论文, 2007.

［4］顾明远. 教育大辞典［M］. 上海: 上海教育出版社, 1999.

［5］刘芝兰. 人与空间环境的交互性关系［J］. 艺术科技, 2012（3）.

［6］网络资料. 科技革命对人类社会产生了哪些主要影响?［BE/OL］. http: //wenwen. sogou. com/z/q176790947. htm.

［7］王佳. 信息场的开拓: 未来后信息社会交互设计［M］. 北京: 清华大学出版社, 2011.

［8］方文. 群体符号边界如何形成? ——以北京基督新教群体为例［J］. 社会学研究, 2005（1）.

［9］黄荟, 梁桂娥. 构建和谐社会的民族交互主体性基础［J］. 广西社会科学, 2009（12）.

［10］金仲兵. 中国经济到底行不行?［EB/OL］. http: //bbs. tiexue. net/post_ 8671885_1. html.

［11］吕鸣章. 论人的交互主体性［D］. 山西大学硕士学位论文, 2006: 摘要.

［12］网络资料. 人与人之间——论社会心理学的人际关系［EB/OL］. http: //blog. sina. com. cn/s/blog_ 5600c4ab01000agk. html.

［13］［美］大卫·伊斯利（David Esley），乔恩·克莱因伯格（Jon Kleinberg）．网络、群体与市场：揭示高度互联世界的行为原理与效应机制［M］．李晓明，王卫红，杨韫利译．北京：清华大学出版社，2011．

［14］［美］尼古拉斯·克里斯塔基斯（Nicholas A. Christakis），詹姆斯·富勒（James H. Fowler）．大连接：社会网络是如何形成的以及对人类现实行为的影响［M］．简学译．北京：中国人民大学出版社，2013．

［15］王侠．西方多元文化教育的理论阐释［D］．中央民族大学硕士学位论文，2005．

［16］王晓菲．开放环境下的选择教育［M］．北京：人民出版社，2013．

［17］网络资料．中国少数民族总共多少人口？［EB/OL］．http：//wenda. haosou. com/q/1378240293065973．

［18］朴泰洙，金永林．民族教育的文化选择及其重要性［J］．教育评论，1998（4）．

［19］何超．论对立统一规律在民族宗教问题中的运用［J］．铜仁学院学报，2011，（9）．

［20］斯大林全集（第2卷）［M］．北京：人民出版社，1953．

［21］彭清．新疆各民族文化的统一性与差异性［J］．兵团党校学报，2012（·5）．

［22］http：//blog. sina. com. cn/s/blog_ 3f448faa01015wtv. html．

［23］http：//3y. uu456. com/bp－b1b17ac408a1284ac8s0436f－1. html．

［24］张运德．试析中华文化的民族性与时代性的统一［J］．新疆社会科学，2008（1）．

［25］李菊霞．社会主义核心价值观与少数民族文化建设［J］．满族研究，2014（1）．

［26］杨河．建设和谐文化要坚持"双百方针"［J］．理论探讨，2007（10）．

［27］建国以来毛泽东文稿（第六册）［M］．北京：中央文献出版社，1992．

［28］毛泽东的读书生活［M］．北京：生活·读书·新知三联书店，1986．

［29］王晓菲．开放环境下的民族教育选择［D］．武汉大学博士学位论文，2011．

［30］孙百才，张洋，刘云鹏．中国各民族人口的教育成就与教育公平——基于最近三次人口普查资料的比较［J］．民族研究，2014（3）．

［31］腾星，王铁志主编．民族教育理论与政策研究［M］．北京：民族出版社，2009（4）．

［32］James A. Banks：An Introduction to Multicultural Education：Theory and Practice．

［33］http：//baike. baidu. com/link？url＝7BTBW25XhwSeyiomUcApGymqlEUhKjY1ozTTQyNh D9ngeGP1－Od3k_ 5wjDP69a2D_ ErGX1MjgttVhKcM－ks5sa．

［34］马克思恩格斯选集（第1卷）［M］. 北京：人民出版社，1995.

［35］毛泽东著作选读（上册）［M］. 北京：人民出版社，1986.

［36］杜晓青，梅爽. 科学把握"实践是检验真理的唯一标准"内涵［J］. 南昌教育学院学报，2009（2）.

［37］卢斌. 哲学视野下的网络社会交往［D］. 中央党校博士学位论文，2008.

［38］睦依凡. 简论教育理［J］. 江西教育科研，2000（8）.

［39］赵兴民. 交融中的促新［D］. 西南师范大学博士学位论文，2007.

［40］薛捷. 基于知识和交互式学习的区域创新系统研究［M］. 北京：人民出版社，2009.

［41］马静，李徇. 个人知识交互的内导因素［J］. 情报理论与实践，2005（5）.

［42］Polanyi M，The Tacit Dimensions［M］. New York：Doubleday Anchor，1966.

［43］袁玲，马静. 基于博客的知识交互方式及实证分析［J］. 现代管理科学，2006（1）.

［44］［奥地利］许茨. 社会实在问题［M］. 霍桂桓译. 杭州：浙江大学出版社，2011.

［45］［英］洛克. 人类理解论（下册）［M］. 杨慧林，金莉译. 北京：中国人民大学出版社，2012.

［46］徐利剑. 各国文明的多样性与交互性［J］. 协商论坛，2005（7）.

［47］百科词汇. 文化适应理论［EB/OL］. http：//baike. haosou. com/doc/319547 - 338344. html.

［48］［加拿大］哈罗德·伊尼斯. 传播的偏向［M］. 何道宽译，北京：中国人民大学出版社，2003.

［49］张鹤. "文化偏向性"对当代设计艺术的影响及启示［J］. 大众文艺，2014（18）.

［50］王丽春. 多主体系统交往的建构效应［J］. 江西教育学院学报（社会科学），2002（5）.

［51］刘大海. 当代民族价值观的总体态势及其建构［D］. 苏州大学硕士学位论文，2004.

［52］刘冠军. 哲学方法论论纲［J］. 理论学刊，2001（6）.

［53］马克思恩格斯选集编写组. 马克思恩格斯选集［M］. 北京：人民出版社，1972.

［54］邱吉. 道德内化论［M］. 北京：民族出版社，2004.

［55］邱伟光，张耀灿. 思想政治教育学原理［M］. 北京：高等教育出版社，1999.

［56］金炳华．马克思主义哲学大辞典［M］．上海：上海辞书出版社，2003.

［57］林春丽．论比较［J］．学术论坛，2006（2）.

［58］冷全．教育模式的生成与创新［J］．高教发展与评估，2009（4）.

［59］托斯顿，胡森．国际教育百科全书（第6卷）［M］．贵阳：贵州教育出版社，1991.

［60］李文长．教育竞争三议［J］．教育研究与实验，1988（4）.

［61］赵永茂主编．毛泽东哲学思想发展史稿［M］．长春：吉林大学出版社，1988.

［62］刘敬东编著．实践论·矛盾论导读［M］．北京：中国民主法制出版社，2011.

［63］［美］克莱·威尔逊．心理战策略必须作出调整应对交互意识时代［EB/OL］．知远，小川编译，http：//www.china.com.cn/military/txt/2010 – 05/12/content_2002 6357.htm.

［64］百科词汇．智慧［EB/OL］．http：//baike.baidu.com/link?url = q2Xsg82 – CQN-wQ0dmVMUv4L_ 4C4pr56UBCNERuQpMYzqaSndpr4cNLFG0WNCbrdpFRnPRN2Pnc UfLm90SYiyh3q.

［65］姜建成．试论21世纪马克思主义发展的实践取向［J］．马克思主义研究，2002（5）.

［66］［美］弗里曼．社会网络分析发展史———一项社会科学的研究［M］．北京：中国人民大学出版社，2008.

［67］胡良桂．文化自强与文化强国［J］．黔山诗话，2011（12）.

［68］李志晖，佘俊杰．用心用情，促各民族"交往交流交融"［EB/OL］．http：//news.ifeng.com/a/20140917/42001254_ 0.shtml.

［69］中国大百科全书出版社编辑部．中国大百科全书（心理学）（上）［Z］．北京：中国大百科全书出版社，1991.

［70］郭为：社交网络就是人与人之间的交互［EB/OL］．http：//tech.qq.com/a/20111104/000329_ 5.htm.

［71］高清海．人的未来与哲学未来——"类哲学"引论［J］．学术月刊，1996（2）.

［72］"交互主体性作为理论术语是由西方想象学大师胡塞尔最早提出和使用的，它与'主体间性'概念意义一致，它们表征的是不同主体之间相互承认、相互沟通与相互影响，体现的是主体性在不同主体之间的延伸。"（参见杨玲．文化交往论［D］．华中科技大学博士学位论文，2010：190.）

［73］陈新忠，董泽芳．现代西方人本主义思潮的教育影响评析［J］．大学教育科学，

2009 (2).

[74] 中国大百科全书·教育 [M]. 北京：中国大百科全书出版社，1985.

[75] 顾明远. 教育大辞典 [M]. 上海：上海教育出版社，1998.

[76] 李润洲. 人本教育的内涵、特征与建构 [J]. 教育学术月刊，2010 (7).

[77] 李香英. 浅谈人性化的思想政治教育 [J]. 中共郑州市委党校学报，2009 (3).

[78] 韩延明. 理念、教育理念及大学理念探析 [J]. 教育研究，2003 (9).

[79] 拉塞克，维迪努. 从现在到 2000 年教育内容发展的全球展望 [M]. 马胜利，等译. 北京：教育科学出版社，1996.

[80] 毛泽东著作选读（下册）[M]. 北京：人民出版社，1986.

[81] 万美容. 思想政治教育方法发展研究论纲 [J]. 学校党建与思想教育，2007 (12).

[82] 张积家. 马克思的需要心理学思想 [J]. 华南师范大学学报，2004 (2).

[83] 亓灿新. 大学生需求视阈下思想政治教育层次性研究 [D]. 福建农林大学，2011 (4).

[84] [美] 亚伯拉罕·马斯洛，动机与人格（第 3 版）[M]. 北京：中国人民大学出版社，2007.

[85] 魏振英，陈燕. 求实性思维与领导哲学 [J]. 世纪桥，2013 (12).

[86] 列宁全集（第 55 卷）[M]. 北京：人民出版社，1900.

[87] 毛泽东选集（第 1 卷）[M]. 北京：人民出版社，1991.

[88] 马克思恩格斯选集（第 2 卷）[M]. 北京：人民出版社，1995.

[89] 毛泽东文集（第 7 卷）[M]. 北京：人民出版社，1999.

[90] 李秉德. 教育科学研究方法 [M]. 北京：人民教育出版社，1986.

[91] 王书，贾安东. "偶像—榜样"教育的德行心理分析 [J]，中国青年研究，2006 (9).

[92] 张茹粉. 榜样教育的理性诉求 [J]. 河南师范大学学报（哲学社会科学版），2008 (3).

[93] 邹欣. 新时期大学生榜样教育存在的问题及对策 [D]. 华中师范大学，2011 (5).

后 记

　　本书是我们作为民族教育信息化探索的前沿阵地与科研平台——民族教育信息化教育部重点实验室、云南师范大学与曲靖师范学院民族教育信息化教育部重点实验室联合研究基地青年研究团队在两年时间里的研究成果。

　　本书的写作大纲由王飞提出，各章撰写人员分别如下。第一章：王飞；第二章：张桂明；第三章：王飞；第四章：张丽；第五章：王飞；第六章：李保玉。全书由王飞统稿，由民族教育信息化教育部重点实验室工作会议定稿。本书以民族信息交互教育为主题展开，其内容涵盖民族信息交互教育的理论及具体方法，并遵循"开放性—多样性—交互性"的逻辑结构体系，站在"交互"这一哲学范畴的基础之上，从价值观的交互和确立的角度出发，形成一整套教育理论，在目前的民族教育理论研究领域中对其做出了一个初步的探索。本书得到云南师范大学高等教育与区域发展研究院专家的大力支持，特别感谢云南师范大学民族教育信息化教育部重点实验室主任伊继东教授、常务副主任甘建候教授、云南师范大学高等教育与区域发展研究院副院长刘六生博士。感谢知识产权出版社的冯彤老师及其他相关人员对本书出版的帮助。

　　这个世界唯一不变的就是变化，民族信息交互教育的定位、价值、主体、内容、原则、方法及所涉及的领域都处在动态的发展变化之中，这要求我们理论研究者、实践工作者必须与时俱进，不断学习，为大学生，尤其是各少数民族大学生的民族信息交互教育发展做出正向的、积极的、有实效的贡献。

编 者

2015 年 8 月